文景

———

Horizon

社 科 新 知　文 艺 新 潮

总编辑叙谈

陈昕 著

上海人民出版社

陈

昕

1952年6月生。长期从事编辑出版工作，曾任上海三联书店、香港三联书店和上海人民出版社总编辑。先后策划、编辑、主编的图书达数千种，其中数十种图书获得国家一级的各种奖项。2009年被评为"新中国60年百名优秀出版人物"之一。

出版人站在时代的潮头，主编辑出版为志业，以开拓和推动文化建设的抱负和伟绩，成为民族精神之火不灭的象征。

序

汪家明

这是一本一口气可以读完的书，在陈昕兄，这也是他最"好读"的一本书吧。这样说，并非这本书与他其余的书在内容和观点上有什么异样，尤其在观点上，与他一向的坚守没什么不同。在我印象中，陈昕是一个温和而固执的人，他很少改变自己的观点，但表面上可以是"温和"的。其实，这本书是他在十几本专著基础上"讲出来"的——是给出版社编辑的"讲座"，所以几乎不引经用典，深入浅出，文字精简，几万字就把做编辑的褹节儿都讲了。这让我想起钱穆先生的《中国历代政治得失》，六七万字，讲了两千年的事。也是讲座成文。

这还是本让我读来十分亲切、愉快的书——一位老编辑苦口婆心的书。怎样做一个合格的编辑，此调很久没人弹了。但以我看，这曲调常奏常新——编辑来了一茬又一茬，社会总在花样翻新，而出版人的根本使命和编辑孜孜以求的东西却永不会过时。何况，陈昕是以自己的亲身经历和深切体会娓娓道来呢。

全书提纲挈领，先提出问题：出版是什么？《辞海》曰：出版是编辑、复制作品并向公众发行的活动。而陈昕的定义更为诗意：出版是人类冲破黑暗和蒙昧的"火把"，出版人就是高擎火把的人。然而，"当一名合格的编辑，除了要有理想、追求和使命外，还要养成一些基本的素养和能力，这是编辑业务的要求和底气"。如何达到这种要求和底气？他一口气谈了十个方面。

要追求一份厚实的书单。"每过五年、十年，甚至当你告别编辑出版工作的时候，拉一下自己的书单，看一看这一阶段、这一辈子，编辑出版了哪些图书，其中有哪些较长时间地立在书店或读者的书架上，有哪些有较高的引用率，这是衡量你工作好坏的重要尺度。一个编辑，一辈子，如果有一两本书能够潜入历史，成为经典，已经非常了不起了"，这段话，他是向编辑说的，可感觉也是向我说的。的确如他所说，我退休后拉了一个书单，凡是我策划和编辑的图书，一共有多少本，有多少本还在行销，有哪几本受到好评，还有哪几本没受到关注，但自己认为是好书，有点遗憾……说实在的，人生苦短，大半辈子做编辑，一眨眼就过去了。年轻的编辑，风华正茂，职业生涯刚刚开始，认真体会一下陈老总的话，记到心上，用到做书上，起个好头，一定获益终生。

看到他谈到"纠错和提升"一节，我不禁失笑："千万不要相信那种'大学者的书稿可以一字不改'的说法"；"越是著作等身的，错误可能越多"，"因为作者写稿，有时因习惯使然，会产生盲区，犯'想当然的错误'"——这些都是老编辑的经验之谈，当然，老编辑也不会忘了嘱咐：作者的写作风格不能改，可改可不改的不要改。如何提高纠错的能力？他建议编辑先担任三个月的校对员、三个月的资料员。校对是一项专业性很强的工作，有一套规范，细说要解决的差错有九大类型，包括字句、排版和知识性差错，也可分为校"对错"和校"是非"两大类。据我所知，一般出版社校对员日工作量是三四万字，三个月66个工作日就是200万字左右，出版社可以根据编辑的校对成绩，适当调整其在校对岗位实习的时间。三联书店老一辈领导人董秀玉做过十多年专业校对，校对过《毛泽东选集》，然后才到编辑岗位，一直做到总编辑、总经理……

关于"提升"书稿，陈昕认为，第一层级是"把一部有价值的书稿变成符合读者需求的作品"。这句话有学问，把"书稿"变成"作品"，也就是说，作者的书稿还不等同于我们行内所说的成品，"这里面有许多提升的工作要做"。做什么呢？书里都写了，我就不啰嗦了。

写审稿意见是做编辑的基本功，可是很多编辑不会写，不知写什么。陈昕告之有三个方面：内容（学术）价值、结构布局和文字表达，另外还应交代组稿和成稿过程，包括编辑在其间做了哪些工作，还存在哪些问题等。至于说到周振甫先生的审稿意见长达几十页，那的确是编辑业务的奇观，但按新闻出版署目前的职业规范，周振甫所写大部分不属于审稿意见，而是"编辑加工报告"。不过现在大多数出版社都将审稿意见和编辑加工报告二者合一了。

陈昕对政治把关和学术自由的看法特别精彩。他说，"出版工作中对书稿的政治处理，很多时候是从大局出发所做的选择，有时无所谓对与错"。他以罗曼·罗兰1935年所写的《莫斯科日记》为例，里面既为苏联社会主义新鲜事物而兴奋，也为一些消极现象而困惑，但从国际形势大局出发，罗曼·罗兰决定封存五十年。"一讲到政治把关，有人会把它和学术自由对立起来，这也是不对的。学术出版领域需讲自由和民主，不应过多地设立禁区"；"不要随意把学术问题上升到政治问题的层面，简单地以政治把关为由轻率地否决重要学术著作的出版，这是一种没有水平和不负责任的表现。在学术问题上，要有容忍度，持兼容并包的态度"；"相反，还应该尽可能地想办法出版一些有争议的学术著作。自然，在出版这些著作时，有时会在尊重作者理论和观点的前提下，根据'大局'做一些必要的处理，目的是使这些著作得以出版"。这些鲜明的观点，从陈昕这位做过多年出版集团"一把手"的口中说出来，意义是不一样的。

关于编辑的阅读，他的意见也很有趣：除了阅读本专业的书（比如经济学编辑读经济著作），还要广泛阅读各类图书，尤其要读历史书和文学书。他认为，这两类书涉及较多知识，既可以提高阅读的兴趣，还能吸引你到更多的领域作深度的阅读。对此我也有同感，《红楼梦》和《战争与和平》不是被称作百科全书式的文学著作吗？里面有哲学，有历史，有政治，有经济，有社会，有人生百态……

关于作者和编辑的关系，他开宗明义是"和作者交朋友"。说到他和汪丁丁在香港的交往，那些煲电话粥的夜谈，让人神往。他提到美国名编辑麦克斯·珀金斯和海明威的交往，比如编辑出版海明威的第一部长篇小说《太阳照常升起》的那些往事。珀金斯说："出版家的首义是为天才和才华服务"，这句话让我想起范用先生与作者交朋友的许多逸事。邹韬奋先生提出"竭诚为读者服务"的店训，范用先生在出版生涯中又践行"竭诚为作者服务"的理念。陈昕与几位前辈可说是心有灵犀。

陈昕建议编辑要做有心人，记下工作中的每一条编辑体会，并积累总结为自己的业务准则。

他本人在几十年的编辑生涯中记下的出版箴言有三十条之多，选题策划原则也有一二十条。他的这些"箴言"很有个人色彩，甚至连名词都是自己的，比如"基本的与非基本的""封杀式布局""横队前进、纵队前进"等等。他认为，作为一家出版社的出书计划，首先考虑的不是大工程、重头项目，也不是畅销书，而是根据本社的定位，确定基本的出书领域，然后聚焦本领域布局，不要被非基本领域内的选题迷惑，见异思迁，可能会成功一时，但不会长久。做出版可考虑做两个极端：最新的前沿著作和最旧的经典著作；学科出版的布局，要封杀式的，一开始就占领几个制高点，使自己立于不败之地；做丛书时，有非开放式的和开放式的两种，前者指向清楚，整体设计，尽量一次性推出，形成阵势，这叫做"横队前进"；后者设计比较随意，书成一本收进一本，"纵队前进"，拾到篮子里的都是菜，但不易把握……谈这种关乎出版社大局的问题，陈昕似乎有许多话讲，毕竟他做出版社、出版集团的领导多年。作为一般编辑，甚至新编辑，了解一下这种"大局"也并非无用。我曾见过新编辑不了解本社基本布局方向而策划选题，总是通不过的情况。

这本小书的"下篇"是《我的出版观》。陈昕把四十多年来的中国出版分成三个时代，即纯真时代（20 世纪 80 年代）、管理时代（20 世纪 90 年代和 21 世纪初）和此后的资本时代，这种划分法大概是陈昕独有的。他作为一名亲身经历了三个时代的出版人，一直在改革大潮最前面，感受刻骨铭心。他尖锐地指出：在管理时代，"在向市场转型的过程中，出版社开始对每本书进行盈亏核算，以是否盈利或者盈利多少来决定一本书是否值得出版"，书的内容好坏已经处于从属地位，而进入资本时代，有一种"把出版业当作一般的商业特别是娱乐业来经营，指望投资能带来丰厚的利润。于是，既往的学术文化追求、出版价值基线漂移了，进步主义的出版意识产生了危机，出版业有沦为大众娱乐业附庸的危险，读书也有可能成为轻浮无根的娱乐节目"。很显然，这种情况与他反复强调的"高擎火把的人"背道而驰，于是他提出了"重塑出版价值观"的口号，再一次强调，虽然出版社改制为企业（产业），但其根本还是内容。在此，价值观是指导，内容是出版产业特性。如果没有正确价值观，内容也可以是恶俗的。他还提出了出版企业上市和为什么上市的问题，要"正视资本意志与文化价值冲突的一面"。上市、购并的本质是"利润第一"，世界许多出版品牌都倒在资本意志之下。陈昕举了好多例子，其中一个是，20世纪80年代兰登书屋被媒体大王纽豪斯收购后，为坚持自己的出版理想，安德列毅然辞去兰登书屋旗下万神殿出版社社长之职，率众起义，另建名字叫"新"的非营利出版社，并一直坚持至今——他在这里用了"率众起义"这个词，可见资本和文化之间的争战之惨烈。实在说，陈昕的这些呐喊，在目前的出版业中是微弱的，或者说，大家都会这样说（如社会效益第一），但形势比人强，做起来是另一回事。可是他知道，只要有机会，他就要说，尤其对青年编辑。

陈昕兄嘱咐我写一篇序文，可是我拉拉杂杂写成了一篇读后感，只能这样交稿了。

写在前面的话

说几句这本小册子的由来。

去年适逢上海人民出版社成立七十年，年初上海人民出版社·世纪文景出版了我的小书《理想在潮头——给青年编辑》，于是乎，时任社长王为松约我为该社青年编辑开个讲座，谈谈"怎样做一名合格的编辑"，作为社庆系列活动之一。

开讲前我作了些准备，拉了个详细的提纲，讲座进行了一整天，并与青年编辑作了互动。从现场的气氛看，效果还不错。事后上海人民出版社在公号上摘登了讲座内容，据说阅读量创了新高。这个题目我还为河南省出版界、商务印书馆上海分馆、中华书局上海分局、三联书店上海分部和中信出版集团·大方公司等单位的同志讲了两次，反响也算热烈。由此触发我把讲座的内容整理出来，以期求教于出版界的同志，这就有了这样一本小册子。

全书分为两个部分。上篇"怎样做一名合格的编辑"，便是这次讲座的内容，主要从编辑出版实务工作的角度谈了些感受或体会。下篇"我的出版观"，则是2016年我另一次讲座的内容，侧重从宏观或整体的角度谈点对编辑出版工作的想法，可看作是对上篇内容的补充。两篇内容有稍许重复的地方，请各位读者见谅。

三十年前，我在香港三联书店工作时，曾聆听过出版界前辈陈原先生在香港所作的一次关于编辑出版工作的精彩讲座，印象深刻。事后，陈原先生将讲座内容整理成文，在辽宁教育出版社出版，书名是《总编辑断想》。书中写道："这里是根据我的两次提纲以及所能记忆到的当日发言的精彩论点，写成十七段，没有头，没有尾，故名之曰'断想'。作为我在出版部门工作半个世纪的结尾。"陈原先生的这本书常置我的案头，每每读后都有收获。

我这本小册子所收的两次讲座内容，絮絮叨叨，漫无边际，斗胆仿效陈原先生，称之为《总编辑叙谈》。我有自知之明，这些"叙谈"哪能与陈原先生真知灼见的"断想"相题并论。起这么个书名，一来是因为自己一辈子从事编辑出版工作，担任过上海三联书店、香港三联书店和上海人民出版社的总编辑，做集团老总后每年仍不忘编审几部书稿，多多少少有些感悟想说；二来更多的是为了表达对陈原先生的追随之意，致敬陈原先生，也算为自己四十多年编辑出版工作画个句号。

陈昕

2022.5.18

目　录

下篇　我的出版观

上　篇 ————————————

怎样做一名合格的编辑

我的这个讲座共分三个部分。第一部分谈出版是一个神圣而美好的职业；第二部分讲出版人的历史使命和人生目标；第三部分是重点，具体说说怎样当一名合格的编辑。

一、出版是一个神圣而美好的职业

马克思在《青年在选择职业时的考虑》一文中，有过一段感人的名言："如果我们选择了最能为人类福利而劳动的职业，我们就不会为它的重负所压倒，因为这是为全人类所作的牺牲；那时我们感到的将不是一点点自私而可怜的欢乐，我们的幸福将属于千万人，我们的事业并不显赫一时，但将永远存在，面对我们的骨灰，高尚的人们将洒下热泪。"出版工作就是这样一个神圣而美好的职业。

我想通过两个案例来谈谈出版的神圣和荣光。

先说德国的苏尔坎普出版社及其"彩虹计划"。1988年10月，我参与了"国际资本流动"课题去欧洲考察，一路走了十个国家，历时四十多天。这是我第一次出国。同行的有四人，其中有后来成为央行副行长的李若谷，还有经济学家、企业家陈琦伟。在法兰克福访问时，陪同我们参观的德国央行翻译得知我是出版社的总编辑，特地告诉我，法兰克福有一家出版社很了不起，他们的办公楼与法兰克福国际机场、德意志联邦银行大厦一起被视为法兰克福的三大地标。

法兰克福国际机场和德意志联邦银行大厦的恢宏、壮观、堂皇、阔敞，自不待言，但坐落在城区菩提树大街毫不起眼的四层老式办公楼，何以同高度现代化的国际机场和银行大厦相提并论，引起了我的好奇和兴趣。后来经过了解，我才知道是因为这幢小楼里的出版人为战后德意志民族提供了恢宏系统的思想内容和精神产品。

第二次世界大战后，德国被美苏两国军队占领并被强行分为两半，现代战争机器将这个国家的大多数城市夷为平地，全国到处是废墟瓦砾，但更可怕的是很长一段时间里人们思想的颓废和空虚。

1959年温塞德（Siegfried Unseld）出任苏尔坎普出版社社长，面对德意志民族的历史困境，他带领苏尔坎普出版人毅然地站了出来，倾全社之力重建战后联邦德国的思想文化。他们在20世纪60年代推出了"彩虹计划"，用赤橙黄绿青蓝紫七种颜色标识出七个图书系列，旨在向战后新一代德国人系统地普及全世界和德国的优秀文化，让国民在战后的颓势中重新振作，提升整个德意志民族的思想文化水准。

当时，他们的这一壮举被视为在德意志民族昏暗的思想上空悬挂了一道绚丽的彩虹。以至多少年后，德国思想界普遍认为，联邦德国真正的纪元应该是1959年，因为那一年温塞德主持苏尔坎普出版社，开始了战后德意志民族的思想文化复兴之旅。2002年，温塞德去世，德国思想文化界同悼。媒体上评价，"二战"之后德国的历任总统和总理，对德意志民族的贡献，很少有超过温塞德的。还有人说，如果再发生一次世界大战，德国又被炸成废墟，只要苏尔坎普办公楼地下层样书间内那套"彩虹计划"的样书还在，德国的文化复兴指日可待。

1998年我去苏尔坎普出版社时，曾走到地下层去看"彩虹计划"样书。只见一排排高高的书架上，密密麻麻地立着的都是这套书，大约有二千多种，其中不少被译成多国文字，介绍到世界各地。陪我参观的版权部经理彼得拉·哈特（Petra Christine Hardt）女士说，版权收入已成为苏尔坎普出版社重要的收入来源。

更令我吃惊的是，他们在出版"彩虹计划"的过程中，吸引、凝聚、培育了全德国几乎所有大师级的作家和学者，包括黑塞、阿多诺、布洛赫、普莱斯纳、霍克海默、哈贝马斯等，他们无一例外都是苏尔坎普出版社的作者。苏尔坎普出版社办公楼不大的门厅的墙上，挂着十位大师级学者的人物头像照片，二楼会议室的墙上贴着样式各异的作者照片，有几百张之多，真是群星灿烂。

几十年过去了，我们的国家发生了巨大的变化。今天的首都国际机场、上海浦东国际机场的规模和现代化程度，足以与法兰克福国际机场媲美，而类似联邦德国银行大厦的现代建筑在中国的城市则比比皆是，就连我们上海世纪出版集团在七宝园区的办公楼群，其规模也远出其右了。这当然值得我们骄傲。但是，与苏尔坎普出版社相比，我们的出版物在民族文化建设中所起到的作用还是存在明显差距的。这又值得我们思考，需要我们努力。

再讲一下 20 世纪 30 年代发生在上海商务印书馆的故事。

1932 年"一·二八"事变中，日本军部将商务印书馆及其东方图书馆这些非军事目标列为重点轰炸对象，引起了全民族的愤慨和怒火。按照今天的说法，这种对文化机构的轰炸行为属于"反人类罪"。日本军部何以如此痛恨商务印书馆，时任日本海军陆战队司令盐泽幸一（しおざ

わこういち）说得很清楚，目的就是要折断中华民族的精神之魂。

那一天，商务印书馆印刷厂、新书栈房、东方图书馆在爆炸声中轰然倒塌，所藏几十万册图书尽数焚毁，图书残片、纸灰随风飘落大半个上海城，也飘落到商务印书馆当家人张元济的寓所，先生痛心疾首，仰天长叹，同时默默发愿：国土虽遭涂炭，但中华民族的精神大旗不能倒。

在抗日战争战事紧迫、烽火连天的日子里，商务印书馆几度内迁，人员散失，物资极度匮乏，但依然坚持每月推出一部当时堪称学术津梁的"大学丛书"，从抗战爆发到珍珠港事变共出版了51种。"汉译世界学术名著丛书"在抗战期间也出版了60种。还有"语言学、文字学系列"，其中的周祖谟《广韵校勘记》、容庚《金文编》、赵元任《钟祥方言记》、郭沫若《石鼓文研究》、李方桂《龙州土语》、罗常培《临川音系》、高本汉译《中国音韵学研究》等，尽管印数极小，有的只有 200 册，排版难度又极大，却奇迹般地在抗战最艰苦的岁月——1939 年至 1941 年——出版发行。此外，王国维高足赵万里集辑的 43 种 104 卷《海宁王静安先生遗书》也于 1940 年出版。当年，知识界、出版界基于一个信念，那就是国土可以一时沦丧敌手，但中华民族的精神旗帜不能也不会倒下。

现代出版史上这两个重要的案例，凸显了在大变动时代，出版人站在时代的潮头，以编辑出版为志业，开拓和推动文化建设的抱负和伟绩，成为民族精神之火不灭的象征。

我们今天又何尝不是置身于一个"大变动时代"。改革开放让中国人创造了世界经济史上又一个伟大奇迹，在短短的几十年时间里走过了西方国家几百年的历程，重新登上了世界经济的高峰，中华民族开始了伟大的复兴。处于这样一个伟大的时代，我们应该向我们的前辈那样，热爱和珍惜我们所从事的这个神圣而美好的职业，成为新时期文化大厦的建设者，追随着时代的脚步，领风骚，执牛耳，开新路，推动知识和文化的传播，追求思想和文化的创新，在一些最基本的出版领域为我们这个时代提供新的完整的知识资源系统。

二、出版人的历史使命和人生目标

每个时代的出版都有自己的特征，每代出版人都有自己的历史使命，每个出版人也应有自己的人生目标。让我先从"出版是什么"讲起。

每个时代的出版都有自己的特征，每代
出版人都有自己的历史使命，每个出版
人也应有自己的人生目标。

1. 出版是什么？

《辞海》云："出版是编辑、复制作品并向公众发行的活动。"这是从出版行为出发，给出的狭义定义。从意义的角度，我们常说，出版使文化得以推陈出新，源远流长。出版事业和出版物是民族文化的结晶，是民族精神的物质凝聚，是衡量一个国家和民族文明程度的重要标志。

我对出版和出版人的概括是：出版是人类冲破黑暗和蒙昧的"火把"，出版人就是高举火把的人。他们引领着社会精神生活的走向和品质，直接参与了社会精神生活的建构。出版是历史长河与时代风云的镜子和明灯，映照着人类精神生活的波澜壮阔，回首观潮，总是心生豪迈和虔敬。

了解出版的本质、特征、作用和意义，有助于我们树立起历史使命感。

理解出版，还要对出版的历史有所知悉。

出版是人类冲破黑暗和蒙昧的『火把』，出版人就是高擎火把的人。

2. 古代出版

关于中国古代出版，可以读钱存训先生的《书于竹帛》（上海书店出版社版）。这本书介绍了中国古代文字及其载体和书写工具的演变历程，包括甲骨文、金文、陶文、玉石刻辞、竹简和木牍、帛书、纸卷等。从某种意义上说，这就是中国古代出版的历史。"书于竹帛，藏之名山"，古代出版起着对文化保存、积累、传播和促进的作用。

我曾去河南旅游，在安阳参观了中国文字博物馆。感觉上，博物馆的内部陈列大体上是参照《书于竹帛》这本书来安排的。通过对数千件文物的陈列展示，让人们对汉字的起源和发展以及书法的演变有了一个清晰的认识，也从一个方面介绍了中国古代出版的历史。河南做了一件功不可没的大事。作为一个出版人，去安阳的中国文字博物馆看一下，一定会有收获的。当然还要去殷墟，那里出土了我们民族最早的文字——甲骨文。

了解中国古代出版史，还可以读宋原放、李白坚合著的《中国出版史》（中国书籍出版社版）。这本书在对出版史料编排和考察的基础上，对中国出版史的发展线索、中国出版业的轮廓、中国出版业兴衰的历史动因作了初步的梳理。书后所附"中国出版史大事年表"很有价值。

中国古代出版的历史值得我们骄傲。我们有五千年的文明，三千五百年有文字可考的历史，是世界四大文明古国之一。像中国这样，具有绵延数千年的文化传统而从未间断，几乎一切历史上出现过的文化形态，都已载入历史、"书于竹帛"的国家，恐怕难以寻觅。

不过，也有例外。2019年11月，我去以色列旅游时，在耶路撒冷，除走了苦路十四站，看了犹太教、基督教和伊斯兰教的诸多圣地外，还特地去了以色列博物馆内的死海古卷博物馆。它的外型好似一个巨大的陶罐，里面珍藏着二千多年前的希伯来文圣经古卷。

死海古卷泛指1947年至1956年在死海西北基伯昆兰旷野的山洞里发现的藏在陶罐内的古代文献，大约有近四万书卷和书卷碎片，经考证是在公元前2世纪至公元1世纪间书写的。这是上世纪最为惊人的发现之一。圣经过去被质疑最多的是写在历史之后，特别是其中的一些预言，比如耶稣出生在哪里，将怎样受难，被钉上十字架的日期，等等。有人认为，死海古卷的发现一炮轰走了这一根本的质疑。当然，这并不是说旧约圣经中的所有预言都应验了。

走进死海古卷馆，先经过的是一条宽敞的通

道，两边摆放有犹太先民的日常生活用品和劳动工具。大厅呈椭圆形，陈列着死海古卷，但大多是复制品，只有"圣殿记"和"光明之子大战黑暗之子"各有四五页的原件，都是写在羊皮上的。令我吃惊的是，版式与现代图书几无二致。这是西方世界"书于羊皮，藏之名山"的一个例证。

3. 近现代出版

一般把 15 世纪中叶古登堡发明印刷术（包括印刷机、油墨、金属活字），建立印刷所，视为世界近现代出版的发端。上世纪 90 年代，我去德国访问时曾参观了古登堡博物馆。

这里我想说的是近现代出版的历史作用。对西方世界来说，它推动了启蒙运动的蓬勃发展；对中国而言，它是民族图存救亡的阵地和工具。

纸张代替羊皮，现代印刷术的发明，使约

翰·洛克的宪政学说，亚当·斯密的市场理论和孟德斯鸠的政治自由学说普遍传播开来，彻底改变了欧洲的社会文化，颠覆了统治欧洲一千多年的基督教价值观，用一套以理性建构而非上帝启示的世俗价值观取而代之，一个全新的资本主义社会诞生了。马克思在《1861—1863年经济学手稿》中，对现代印刷术给人类社会带来的进步有过精彩的论述："火药、指南针、印刷术——这是预告资产阶级社会到来的三大发明。火药把骑士阶层炸得粉碎，指南针打开了世界市场并建立了殖民地，而印刷术则变成了新教的工具，总的来说变成科学复兴的手段，变成对精神发展创造必要前提的最强大的杠杆。"

在中国，近现代出版可以说是伴随着轰轰烈烈的大革命走上历史舞台的。政治激进主义、自由主义、文化保守主义等思潮，凭借出版的平台提出了各自图存救亡的政治主张。中国革命、中国人民最终选择了马克思主义。中国近现代史上多少伟大人物都或多或少从事过出版工作。看看中国共产党的早期历史，陈独秀、李大钊、毛泽东、周恩来等领导人都曾拿起笔，当刀枪，办报刊，干革命。在中国共产党百年华诞之际，了解我们党早期的出版历史，会激起我们对出版的热爱，鼓舞我们认真做好出版工作。

4. 改革开放时代的出版

粉碎"四人帮"，打破"文革"时期文化禁锢和万马齐喑的局面，出版迎来了春天。20 世纪 70 年代末和 80 年代，中国出版业最显著的特征，就是拨乱反正和思想解放。新的时代为无数的出版人提供了想象的空间和施展才能的机会。

70 年代后期，绍兴路上的出版社都在 54 号的礼堂用餐，那里不时会传出各家出版社的编辑走向全国组稿、各显神通的动人故事。印象很深的有，上海人民出版社的编辑活跃在北京中央机构大院和高等学府、科研机构，有位编辑甚至走进胡耀邦同志的办公室组稿。那个年代，上海出版了许多领风气之先、风靡全国的图书。上海文艺出版社《重放的鲜花》，将曾经被打成毒草的小说结集出版，像鲜花一样重新绽放在时代的阳光下、春风里。上海人民出版社出版了李燕杰的演讲录《塑造美的心灵》、王梓坤的《科学发现纵横谈》，数不清的读者为之倾倒。之后的图书出版浪潮更是一浪高过一浪。启蒙热有"当代学术思潮译丛"，文化热有"中国文化史丛书"，等等。全国许多出版社也都从自己的定位和资源出发，出版了许多有价值的图书。我尤其喜欢读湖南人民出版社的"走向世界丛书"和四川人民出版社的"走向未来丛书"。

我所在的学林出版社于80年代初成立，是一家小型出版社。但在那个年代也是思想解放，敢闯禁区，出版了胡适的博士论文《先秦名学史》中译本，当年《人民日报》曾发文以"译者的眼光、出版社的气魄及其他"为题，予以高度评价。学林出版社还出版了梁漱溟的《人心与人生》《中国文化要义》等书。这在80年代初中期都是了不起的事情。我这个刚入职的小编辑也有机会随出版社的领导柳肇瑞同志去梁漱溟先生府上拜访。

5. 把握人生的出版机遇

每个时代都会为出版人提供各种各样的机会，就看你如何发现、捕捉和把握。关键是做一个有心的人。

每个时代都会为出版人提供各种各样的机会，就看你如何发现、捕捉和把握。关键是做一个有心的人。

都说"不想当将军的士兵不是好兵"，但是一个新入行的出版人，需要了解和熟悉这个行业，真正爱上这个职业，而不仅仅把其作为谋生的手段，你才可能干出一番事业，成为一个"将军"。老子说："企者不立，跨者不行。"对一个青年编辑来说，职业目标要有阶段性，把它视为一个动态的过程，一上来不宜定得过高。

　　我是在特殊的历史时期，因为偶然的机会，进入出版行业的，起点很低。最初的职业目标，就是当一名好编辑，踏踏实实地做几本好书。我入职的学林出版社是一家新社，编辑人数不多，"八九个人、十来条枪"是真实写照。但它却是一家综合性出版社，要在上海出版业起到拾遗补缺的作用。岗位设置上可谓"一个萝卜一个坑"，这就给每个编辑都提供了机会。我作为社里唯一的经济学编辑，承担着经济学领域的出版任务。

然而，作为一个新编辑，在选题上的自由度并不大，列选要得到社领导的批准。

一般来说，名家的选题在各家出版社都是最容易通过的。我和许多新编辑一样，一开始也把组稿的对象放在名家身上。由于对经济学有系统的阅读，很熟悉这个学科的资源地图，全国哪所大学及研究所，在哪个分支学科具有优势，有哪几位领军人物，我心中都有一本细账。我曾先后给吴敬琏、张卓元、赵人伟等三十多位经济学家发过约稿信函，但均石沉大海；我曾多次去名家处组稿，也几乎全无效果。

令我印象很深的是当时对复旦大学经济学院院长陈观烈教授的拜访。陈教授是国内顶尖的货币银行学专家，他在复旦大学开的货币银行学一课很受学生的欢迎，我知道后便约他的学生陪我去其府上组稿，想出版他的货币银行学讲义。当我谈完组稿的想法后，陈教授坦然地告诉我，他已经被京沪两地的大出版社"包围"了，稿约都排到了数年之后。他还说，他爱惜自己的羽毛，不到深思熟虑的程度，未敢轻易立论著述。我听出了言外之意：即便他有了自己满意的作品也不会轻率地"许配"给新成立的出版社。

陈教授的这番话听起来有点逆耳，却道出了许多大学者心中真实的出版思维。毫无疑问，老一辈的名人是各家出版社"争夺"的对象，不过，因为自然规律的作用，他们的新作总是有限的。如果眼睛只盯着他们，出版社的路会越走越窄。

我很快就明白了这个道理，遂把眼光瞄准甚至锁定经济学家的新生代，倾心于那些未来十年、二十年后可能的学术大师。这是特定时期的特定学术发育机制推动我这样做的。

20世纪80年代，是一个特殊的学术开放与繁荣的年代，中国经济学，乃至整个中国学术的"代际更替"恰好与"理论大转轨"时期重叠，而中国改革开放的实践又呼唤着经济学理论的创新。这给新生代经济学家的崛起提供了比常规时期更大的平台与空间，更宽阔、快速的上升通道，社会主义市场经济体系的建立一夜之间需要数以千计的新锐经济学家，时代呼唤着青年学人迅速成长，快速递进，出版人在其中有着巨大的机会，就看你如何发现和捕捉。

把握了这一时期学术发展的特征和规律，我明确了自己向青年学人组稿的方向。于是，我经常穿梭在各所大学的校园里和各种各样的学术讨论会中，手拿自己悉心整理的中国经济学前沿选题清单，与这些青年学人讨论、争论，不久就碰撞出一个个鲜活的思想火花和新的著译书单来。

整个80年代，我先后策划了十多套丛书，

涉及选题数百种，在经济学领域作了大胆的探索。我参与编辑的"青年学者丛书"和主编的"当代经济学系列丛书"，系统引进了现代经济学的理论和方法，聚焦了一批"中国问题"，创生了"中国路径"和"中国案例"，尤其是团结了一群有学术抱负和使命感的青年学人，使他们脱颖而出，凸显出经济学的世代交替特征。这两套丛书记录了中国经济学家的许多个"第一"：中国第一本社会主义社会宏观经济分析的著作，第一本社会主义社会微观经济分析的著作，第一本研究社会主义经济通货膨胀问题的著作，第一本研究社会主义经济国际收入问题的著作，第一本研究社会主义经济汇率机制的著作，第一本财政补贴分析的著作，第一本社会主义宏观金融理论的著作，第一本研究社会主义经济资本流动的著作，等等，还创生了"中国的过渡经济学"。

努力发掘新的作者成为我
出版生涯的追求和目标。

今天活跃在经济学舞台上的一线经济学家，包括林毅夫、张维迎、樊纲、蔡昉、李扬、刘世锦、江小涓、张军、袁志刚等，他们年轻时的第一本著作都是在这两套丛书中出版的，我是他们书稿的第一个责任编辑。

自那时起，努力发掘新的作者成为我出版生涯的追求和目标。之后，我再也没有主动向名家约过稿。不过，这并不是说我排斥名家的书稿。作为出版人我当然欢迎名家赐稿，他们的书稿无疑有一定的质量保证和较高的市场号召力。它只是表明，我的出版志趣和工作重点在于发现未来的名家。

讲这个故事，是想说明要成为一个好编辑，关键在于把准时代发展的脉搏，不失时机地抓住时代赋予的机会。

出版人的职业目标是一个动态的发展过程。

随着阅历的开阔，资源的增多，经验的积累，出版平台的放大，应适时地调整自己的职业目标，扩大出书的领域和学科，思考新的问题，攀登新的高峰。

我的编辑职业目标就是循着以下的路径，一步步向上攀登的：经济学编辑（学林出版社、上海三联书店）——综合性编辑（香港三联书店）——大型社会科学出版社选题规划和组织实施者（上海人民出版社）——向全社会提供相对完整的知识体系（世纪出版集团）。当然，从更大的出版舞台出发，我还有探索新的出版模式、新的出版业态、新的技术手段、开展国际合作等目标。

经常会听到有的青年编辑抱怨自己生不逢时，错过了最好的出版时代和机遇之类的话。从特定的角度看，这种抱怨可以理解，也有一些道理。今天的出版工作确实出现了与以往不同的情况，有许多难解的问题。

然而，每一代人都有自己的机遇、目标和使命。当今的世界正前所未有地进入一个变化和动荡的时代，层出不穷的新问题有待人类去发现和解决。今天的出版业正处于人类最伟大的技术革命之中，数字化、网络化、大数据、人工智能，等等，都为出版业的变革和发展提供了新的空间和可能，巨大的能量等待爆发。我们出版人能抓住新的时代机遇，确立新的历史目标吗？

三、编辑业务的要求和底气

当一名合格的编辑，除了要有理想、追求和使命外，还要养成一些基本的素养和能力，这是编辑业务的要求和底气。第二部分讲到的策划组稿和发现新作者就是其中的两项。这个部分我再选择十个方面谈谈编辑业务的要求和底气。

1. 追求一份厚实的书目

我常说，人类精神价值的评判，一定是坚硬的岩石，而不是美丽的浮云；做出版就是要追求潜入历史，化作永恒，而不仅仅是一时的激荡血肉，或洛阳纸贵。

做出版讲到底，就是追求一份厚实的书目。一家出版社好与不好，看一下书目就知道了。一些老社、名社，他们的书目中总是会有一批数年甚至数十年反复重印的图书，支撑起他们巍峨的图书大厦。

具体到编辑个人，又何尝不是如此。每过五年、十年，甚至当你告别编辑出版工作的时候，

做出版讲到底，初是追求
一你厚实的书目。

拉一下自己的书单，看一看这一阶段、这一辈子，编辑出版了哪些图书，其中有哪些较长时间地立在书店或读者的书架上，有哪些有较高的引用率，这是衡量你工作好坏的重要尺度。一个编辑，一辈子，如果有一两本书能够潜入历史，成为经典，已经非常了不起了。

有一段时间，在片面追求经济效益的压力下，一些编辑简单地靠品种和字数来应付考核，维持经济效益。每年发稿的字数，一二百万字不行，要三四百万字，甚至有一年发稿上千万字的。这样是做不出好的图书的，质量低下难以避免，当然也不太会有重版的机会。时间长了，疲于奔命，他们对出版兴趣索然，做一天和尚撞一天钟，有的则黯然离去。有些编辑则不同，他们做得很自在，每年精心做三五种书，在做书的过程中不断地摸索编辑出版工作的规律，提高业务水平，常有乐在其中的感受。他们做的图书，不少会进入再版书目，每年都有一些在重印。这样，他就会越来越有成就感，觉得编辑出版工作很有意思，慢慢地把编辑出版作为自己的志业。

2. 纠错与提升

这一点讲的是案头功夫。案头功夫首先是纠错。很少有学者的书稿经得起查，千万不要相信那种"大学者的书稿可以一字不改"的说法。问题在于你是否有能力发现差错。

钱锺书先生是大学者吧，周振甫先生在编辑《谈艺录》时，还不是发现了一些值得改动的地方，以至钱先生会在该书题辞中写道："校书者非如观世音之具千手千眼不可。此作蒙振甫道兄雠勘，得免于大舛错，拜赐多矣。"

事实上并不存在真正一字不改的书稿。这是

因为作者写稿，有时因习惯使然，会产生盲区，犯"想当然的错误"。陈平原先生在《编辑的"积极"与"消极"》一文中，就自己的著作《中华文化通志·散文小说志》文稿中一些差错，谈了这方面的感受，很值得一读。另一方面，学术研究和编辑出版是两种完全不同的行当，有不同的工作特点和要求，书稿当中有一些错误是作者很难发现的。

学者在跨界写作时也容易产生错误，这就更需要出版社来把关。前一段时间，网络上对党史专家杨奎松质疑国际战略专家金一南著《苦难辉煌》的事炒得很热。在我眼里，金一南的这本书无疑是一本不可多得的好书，它热情地书写了我党自创建、建立人民军队到抗日战争全面爆发前这段时间，艰苦奋斗、浴血奋战的光辉历程，读来令人血脉偾张、激动不已。但是白璧微瑕，书

编辑要提高纠错的能力，有两项训练是必须做的。一项是做一段时间的校对员和资料员，一项是跟着老编辑认真编好第一本书。

中也存在稍许硬伤，杨奎松先生的质疑有些还是有道理的。任何图书都可能存在差错，所谓"无错不成书"。但是，像杨奎松质疑的那些差错，本属于出版社纠错把关的范围，只要出版社在编辑过程中认真对待，本是可以避免的。

最近在上海人民出版社的公众号上看到《火种：寻找中国复兴之路》一书的责任编辑写的文章，谈了这本书的编辑过程。我觉得这部书稿的纠错和提高工作值得表扬和提倡。这本书的作者刘统，是国内知名的党史军史专家，著述颇丰，影响也大。但是，上海人民出版社对他的书稿仍持严谨的把关态度。除了配备党史专业的编辑精心核对史料、推敲论点、斟酌表述外，还在定稿前召集若干党史学者开专题会议，对一些重大的党史问题作一次会稿，查找可能存在的错漏和不妥。

请专家会稿是个好做法，也是上海人民出版社的好传统。上海人民出版社历来在编辑一些重要的书稿或较难把握的书稿时，于定稿前都会请专家学者来会稿。我记得有好几部书稿，都是因为会稿而质量得到提高的。例如，出版王义桅的《海殇？——欧洲文明启示录》一书时，我作为决审，看了三遍，也改了三道，还是觉得有些问题需要推敲，于是召集了十多位专家一起来会稿，商量如何处理和修改为好。

又如，史正富的《超常增长——1979—2049的中国经济》，提出了"三维市场体制"的重大问题，定稿前我们专门去北京大学国家发展研究院，请林毅夫、姚洋等十来位专家会稿，研究可修改完善之处。这样做的好处是什么？就是挑不出太多的硬伤，起码能做到逻辑自洽。

在我的经验里，越是著作等身的，错误可

能越多，这样的作者毕竟没有太多的时间打磨作品。像陈寅恪先生这样对史料穷本溯源，反复修订，在此基础上作综合分析的学者现在恐怕是没有了。不知道中华书局的书稿档案里，是否还保留有1963年编辑《隋唐制度渊源略论稿》时的审稿意见，如果有，看一看，对今天的编辑工作会有启发的。

纠错能力的养成，要靠死功夫，就是熟悉并使用工具书和勤查文献。古人重视文字训诂是很有道理的。王元化先生曾多次对我说起，他的学术根基在于熟读《说文解字》。今天的编辑不太可能有元化先生这样的底蕴，但起码要养成使用《辞海》《辞源》《汉语大词典》等重要工具书的习惯。专业编辑还要配备所在学科的权威词典。

对一个新编辑来说，要提高纠错的能力，有两项训练是必须做的。一项是做三个月的校对员和三个月的资料员。校对是编辑工作的重要一环，有自己的学问。一个好的校对员既能消灭排版造成的错漏，又善于发现原稿中的差错。校对工作中需要解决的差错一般可以归为九大类型，有文字错误、词语错误、语法错误、标点符号用法错误、数字用法错误、版面格式错误、事实性错误、知识性错误和政治性错误。这些错误也都是编辑工作中必须处理的，而校对工作的训练能帮助你掌握原稿出错的规律，增强你发现、质疑、排疑的分析判断能力。资料员工作的训练则能帮助你掌握版本目录学和图书馆分类学的基本知识，更好地使用各类工具书和检索文献资料。

另一项训练是跟着老编辑认真编好第一本书，熟悉和了解编辑出版工作的每一个环节和细节。我编第一本书，印象最深的是，知道了编辑对书稿，什么必须改，什么不能改。作者的写作风格不能改，可改可不改的不要改，没有把握的，没有经过核对的，不能轻易改。最犯忌的是自以为是，把对的改错了，引起作者的愤怒，失去作者的信任。前述陈平原先生的那篇文章，就举例说了编辑的若干"轻举妄动"，告诫我们尤其要避免把对的改错了。

再讲讲提升。纠错靠的是下功夫，时间和认真是可以解决问题的。但提升能力的养成非一日之功，需要靠阅读、审稿、研究的日积月累，没有捷径可走。所谓"功夫不负有心人"，这是水到渠成的一个过程。

提升的第一方面，是通过编辑的工作，把一部有价值的书稿变成符合读者需求的作品。这里面有许多提升的工作要做。一般说来，作者对市场和读者需求的了解是不够充分的。还以《火种》

为例。这部以"90后"青年人为主要阅读对象的书稿，刚交到出版社时，有56万字，基本上是学术著作的写法，除了史实的叙述外，还有大量的资料，包括档案资料、报刊资料、口述资料等。史料齐全当然是一部书稿质量的基础，但是要让这本书走进青年读者，走进大众，不让人望而生畏，打退堂鼓，就需要在史料的选择和处理上做一些去粗取精的工作，还要让史料按照自己的逻辑展开，鲜活而直观。就此，本书的编辑做了很多化繁为简的工作，把全书压缩到40万字，并注重从布局、结构、逻辑、细节、文字等方面来增强全书的感染力和严密性，从而使这本书变得好看、好读，吸引了更多的读者。

提升工作的第二个方面更难，这涉及对书稿的学术问题提出重要的修改意见。这不是一般的编辑就能做到的，需要更多的学术熏陶和磨砺才能达到。当你具备这样的能力时，意味着你已经成为一个专家了。这方面的例子，又要谈到中华书局的周振甫先生。他是钱锺书先生书稿的编辑，钱先生曾点名周先生当自己代表作《管锥编》的责任编辑。中华书局的书稿档案中保存着周先生对《管锥编》的两份审稿意见，蝇头小字密密麻麻地铺陈在稿子上，有80页之多。既有纠谬的，更多是提升的。难怪钱先生在《管锥编》序言中写道："命笔之时，数请益于周君振甫，小叩辄发大鸣，实归不负虚往，良朋嘉惠，并志简端。"

审稿意见的边眉四处，注满钱先生的笔迹，有表示异议的，有表示赞同的，有讨论问题的。我们看到的既是专家和编辑在出书过程中的互补，也是两位一流学者之间对学问的切磋和对话。周振甫先生的编辑水平实乃编辑工作的最高境界，令人高山仰止。

3. 写好审稿意见和书评

这一节顺着前面谈及周振甫先生审稿的话题，说说怎样写好审稿意见和书评。

审稿的目的是判断一本书的出版价值，大概有这么几个标准。第一，对于学术著作而言，是看有没有新的学术和理论贡献，有没有史料价值，是否能自圆其说，所谓"究天人之际，通古今之变，成一家之言"。对大众读物而言，是看有没有科学和准确的知识，是否通俗易懂，有无大众喜闻乐见的表达方式。第二，审视书稿在布局、结构、逻辑、观点、论证等方面是否存在明显的问题。第三，是看文字的水准，是否顺畅达意。

审稿意见有写在决定书稿是否接受出版时的，这时主要是对这部书稿的出版价值作一个判断。有写在发稿时的，这时的审稿意见应包括这么一些内容：介绍这本书的组稿和成稿过程，在这个过程中编辑做了哪些工作；对书稿作出总体评价，有何创新，有何价值，在所在领域或所属学科中的位置和意义，有哪些值得进一步讨论和改进的地方；对书稿作了哪些方面重要的处理，在处理的过程中是如何与作者沟通和交流的，书稿水准提高的情况，等等。还应该包括有关装帧设计、纸张印刷和宣传营销等方面的要求和意见。

　　每个编辑的审稿意见都有自己的特点。周振甫先生的审稿意见之所以长达几十页，是因为他把重要修改的依据、出典等都一一写在审稿意见中了。而有的编辑则习惯把这类具体的修改意见，写在浮签上夹在书稿修改处。我的审稿意见侧重于对书稿的学术评价上。审稿意见视书稿的情况，可长可短，把问题讲清楚即可。

书出版后，我会在审稿意见的基础上写一篇书评。我刚当编辑那会儿，特别喜欢写书评，大都是在审稿意见的基础上写成的。编辑评书的路数，我在《理想在潮头——给青年编辑》这本书中专门讲了。一是要跳出"感"直抵"评"。一部作品读下来，感触、感动、感悟在所难免，如何叙说，还得跳出"感"，直抵"评"，如果把书评写成了一篇读后感，不直接针砭书中的内容，仅仅表达读稿的感动，勾起若干新的联想，算不得一篇尽责的编辑评论。二是把握好思想和文采的关系。书评不宜过于追求文辞和隐喻，牺牲评论的犀利和直白。我个人的志趣是首先对全书内容做简要精到的归纳，条理清晰的辨析，随后针对主体架构和核心观点做客观谨慎的评价，以凸显这本书的学术价值或思想意义。三是处理好"聚焦"与"升华"的关系。好的书评不应该

编辑评出，一是要跳出『感』直抵『评』；二是把握好思想和文采的关系；三是处理好『聚焦』与『升华』的关系。

满足于对图书内容的介绍和评价，还要立足于所评论的图书，联系与之相关的领域和问题，进行深入的探讨，提出自己的观点和见解，继而超越原书，打造出学术创新的文本来。书评的最高境界在于超越原书作者的高度和深度。钱锺书先生的不少学术成果就是通过书评的文本来呈现的，《读书》杂志上的书评大都在这方面做文章，功夫都在"升华"上。做到这一点不很容易，但编书的时间长了，研究的问题多了，这个境界是有可能达到的，就如周振甫先生。

4. 政治把关与学术自由

政治把关是编辑经常碰到又较难把握的问题，但却是必须过的一关。

出版工作中对书稿的政治处理，很多时候是从大局出发所做的选择，有时无所谓对与错。这方面，法国著名作家罗曼·罗兰对《莫斯科日记》的处理是一个例子。

《莫斯科日记》是罗曼·罗兰1935年六七月间的访苏日记。1995年上海人民出版社出版了这本书的中译本。在日记中，罗曼·罗兰一方面为见到的许多社会主义新鲜事物而鼓舞，另一方面也为发现的种种消极现象所困惑。日记中一一记录了从自由、平等、公平、正义、人性出发，所观察到的苏联社会存在的个人崇拜、专制特权、官僚作风、无视人权以及压制言论等社会弊端。然而对于这本访苏日记，罗曼·罗兰却做出了封存五十年的决定。对于这个决定，当时有人认为是出于对苏联的"护短"和"怯懦"，指责和批评颇多，甚至说罗曼·罗兰是胆小鬼、伪君子。

我完全不能接受对罗曼·罗兰这样的指责，我认为对作者封存日记之举应放在特定的历史环境中去考察其动机和效果。我十分赞同陈原先生对罗曼·罗兰封存日记的解读："30年代中期的欧洲是民族主义与法西斯主义猛烈斗争的时代，进步人类的最高愿望是击败法西斯。为此，一切都应该服从这个大前提。而就当时的国际环境看，进步人群把斗争的矛头指向德意志法西斯和各国的右翼力量，把希望寄托在苏联身上，这不是偶然的，也不是知识分子的幻想。二次大战的历史证明了这一点。套用现在的语言说，罗曼·罗兰'顾全大局'，不愿别有用心的人利用他所感受到的第一个社会主义国家的阴暗面的材料来破坏反法西斯统一战线，所以他不愿意当时发表他的手记。"

我们今天的出版工作也是这样。很多时候，政治把关都是从大局出发作出的选择。我们今天所进行的中国特色社会主义事业仍在探索和实践中，人们对其的认识还存在不少的分歧，更遑论在价值观层面的混乱，这都要求出版人要有大局意识，妥善处理各种复杂的敏感问题。

一讲到政治把关，有人会把它和学术自由对立起来，这也是不对的。学术出版领域需讲自由和民主，不应过多地设立禁区。1979年，邓小平同志在华盛顿接受费城坦普尔大学授予名誉法律博士学位时，在致答词中这样说道："坦普尔大学又是以主张学术自由著称的。我认为，这是贵校的事业兴旺发达的一个重要因素。"

在出版工作中，不要随意把学术问题上升到政治问题的层面，简单地以政治把关为由轻率地否决重要学术著作的出版，这是一种没有水平和不负责任的表现。在学术的问题上，要有容忍度，持兼容并包的态度。只要是基于学术研究的背景，有学术和理论上的贡献，这样的著作都应该予以出版。

我们常说，马克思主义不是从天上掉下来的，它有三大来源，是建立在对以往理论科学分析的基础上的。中国特色社会主义理论的发展又何尝不是如此。因此，对待学术著作千万不要随意扣上政治的帽子。相反，还应该尽可能地想办法出版一些有争议的学术著作。自然，在出版这些著作时，有时会在尊重作者理论和观点的前提下，根据"大局"做一些必要的处理，目的是使这些著作得以出版。

5. 专家与杂家

出版工作的职业特点，要求编辑具备专家和杂家两种身份。

编辑是专家，首先是说你是编辑出版领域的行家里手。编辑出版作为一个专业，有自己专门的知识，且带有实务性和经验性的特点，不容易为业外人士所掌握。编辑的工作远不像有些人所说的"剪刀加糨糊"那么简单。如钟叔河先生编"走向世界丛书"，就不是一般学者所能做好的工作。这套丛书以独特的视角发掘、识别、整理、校订、辑选了一批"极有价值而久被湮没"的史料，记录了近代中国人第一次睁眼看世界时的跌跌撞撞，而编者为每种书所写的序文又极富思想性和独到的见解，随处可见编辑的功力和水平。钱锺书先生读后也称赞不已，欣然为丛书作序。

编辑是专家，还是指编辑应是某一学科领域的学者，有较高学术造诣。举例来说，老一辈的编辑胡道静先生，他是著名的中国古代科学技术史和古典文献学的专家。他的《梦溪笔谈》整理和研究，创造性地把古人用于经籍的笺注方法，运用于具有史料价值的笔记。1957年《新校正梦溪笔谈》问世后，顾颉刚盛赞说"有似裴松之注

出版工作的职业特点，要求编辑具备专家和杂家两种身份。

《三国志》"，胡适也说"此人造谐甚深，算了不起"。新时期的编辑唐浩明先生，他对中国近现代史上重要人物的研究独树一帜，不仅编有《曾国藩全集》《胡林翼集》《彭玉麟集》，还创作了《曾国藩》《杨度》《张之洞》等长篇历史小说，被誉为"中国研究曾国藩第一人"。

上世纪五六十年代，你不是某一学科或领域的专家，是很难在上海的出版社当编辑的。那时的中华书局上海编辑所名家荟萃，由李俊民先生主政，有"三驾马车""四大编审"，好几十号编辑，个个都是学问家。上海人民美术出版社有画坛"一百零八将"，汇聚了各路绘画精英，陆俨少、程十发、刘旦宅、方增先等著名画家都在那里工作过。

直到改革开放之初，上海出版界还是名家众多，在学界影响很大。例如，上海人民出版社的领导班子成员分别担任了上海市哲学学会、经济学会、中共党史学会的会长，不少资深编辑都是上海各个学会的理事。上海译文出版社的领导班子成员大都译著颇丰，名望很高，一度有七人担任了上海翻译家协会的会长、副会长，占了协会领导成员的大部分，以至有人开玩笑说，上海译文出版社开会就可以决定上海翻译家协会的事了。

编辑还应该是杂家，拥有广博的知识。1962年，罗竹风先生曾写下为编辑请命的杂文《杂家》，受到了不应有的批判，但"编辑是杂家"一说却广为流传。80年代，罗竹风先生又对编辑的杂家身份有过说明："编辑应该是杂家。所谓杂家，就是对各个领域的各种学问，都要懂一点，略知一二还不够，最好是略知二三。"

一位编辑不可能只编一个领域的书稿，从成

长的角度说，多涉猎一些知识领域，会提高自己的业务水准。我从经济学编辑起步，慢慢地逐渐编辑一些其他学科的图书，后来涉及了社会科学的大多数领域，还编过画册和工具书。这就要求你了解各个学科或领域的ABC，掌握基本的知识点，并做到融会贯通，同时还要熟悉这些学科或领域的文化地图和资源分布。更重要的是，你所学到的这些ABC能够帮助你和作者说得上话，捕捉到学术前沿的信息，并作出自己的判断和选择。快速了解各个学科ABC的方法是多读一些"通史""概论"类的图书。

6.阅读和笔记

编辑的成熟和底蕴有赖于持续地阅读，要养成写读书笔记的习惯。

首先是读本专业的书。我当经济学编辑前，

除了啃过《资本论》外，还浏览了大量的经济学文献，对国内经济学几次大讨论的情况，尤其是人物和观点都十分熟悉，这保证了我作为经济学编辑的基本工作要求。当上经济学编辑之后，及时地阅读经济学的新著和期刊更是必做的功课，不然很难了解学术动态。

编辑还要广泛阅读各类图书，尤其要读历史书和文学书。这两类书涉及较多的知识，既可以提高阅读的兴趣，还能吸引你到更多的领域作深度的阅读。我有读小说的爱好，工作期间每次出国访问，箱子里都会放上几本小说，不仅在飞机上读，还会在深夜睡不着觉时读，权当倒时差的办法。

养成写读书笔记的习惯很重要。对于新编辑来说，写读书笔记一开始可能会有畏难的地方，觉得不知道写什么，或者说没有什么好写的。这是你读书不多的自然反应。我的建议是，可先从摘记做起。久而久之，读的书多了，同一题材不同的书、不同的学术观点之间可以作一些比较，你更赞同哪一本书的观点。比如，关于中国夏代的历史，你是赞同"信古"还是"疑古"，"疑古派""考古派""释古派"都是怎么回事，各有哪些主要观点和代表人物，对中国历史研究的推动各起到怎样的作用？又如，怎样看待中国近现代的政治激进主义、自由主义、文化保守主义三大思潮，中国为什么最后选择的是马克思主义？于是你就会生发出自己的观点和认同，尽管很可能是浮浅的、不成熟的，但要把它记下来。我原来通常的做法是把它写在书扉和书眉上。最近在微信朋友圈看到中国传媒大学李频教授发的"出版频话"之书扉随记，把写在书扉上的笔记晒出来，挺有意思的。不过，我现在习惯把读书

编辑的成题和底蕴有赖于持续地阅读，要养成写读书笔记的习惯。

笔记写在手机备忘录里了，觉得更方便保存和查阅。例如，我的"世界史读书摘记"有近20万字，都是在手机上完成的。

7. 参加学术会议和查阅学术期刊

我刚当编辑的时候，出版社对编辑参加学术会议是有要求的，尤其是一些重要的学术会议，出版社不希望自己相关的编辑漏会。80年代中后期，我常常想方设法挤进那些重要的会议听会。参加学术会议，不仅能让你了解学术动态，提高学术水平，而且还是发现新的选题和新的作者的重要途径。

一些出版社除了鼓励编辑参加学术会议外，还会围绕自己出版的重要图书召开学术研讨会，有的后来还形成了会议品牌。八九十年代，上海三联书店每年都会开一到两次专题学术会议，围绕当年出版的经济学图书，结合中国经济社会改革开放发展的实践展开研讨。会议的规模不大，最多三十来人，时间不长，三天左右，但几乎全国重要的中青年学者都参加过上海三联书店的研讨会。大家准时聚集上海，简食朴卧，在会上展开热烈的学术碰撞和讨论，并以此为荣，最后产生了受到学界瞩目的"中国的过渡经济学"和"三联学派"。那时中国社会科学院副院长刘吉也常参加我们的这一会议，他曾深情地对我说，中国经济学的未来和希望就在这里。

今天的情况是，大家更热衷于论坛、读书会、媒体推广会，这对图书的宣传和销售当然很重要，而且有利于全社会读书氛围的形成。但是，我认为召开学术性的会议更应得到出版社的重视，这有利于出版社的长期发展。

编辑还应养成查阅学术期刊的习惯。学术研

究的最新成果最先是通过论文的方式来传播的，很多的讨论也是在期刊上进行的。编辑定期阅读所在专业的核心期刊，能提高你的学术素养，站在学术的前沿，把握学术发展的趋势。我当经济学编辑时，订阅的经济学刊物有十种之多，不少选题和作者都是通过阅读期刊发现的。

8. 与学者交朋友，为读者服务

要珍惜与学者交流的机会，借学者的外脑充实自己，发掘重要的选题。

有两类学者对编辑来说特别重要。一类是"掉书袋"的，他们可以让你迅速地了解学术的进展，站在学术的前沿。汪丁丁是我交的这类朋友中的一位。90年代初，我在香港三联书店工作期间，汪丁丁在香港大学任教。那两年我们都是单身在港，一到晚上，闲着没事，有时就会"煲电话粥"，谈论学术话题。什么迈克尔·波特的竞争理论、脑科学和神经元、演化经济学，我都是最先从他那里获知的。直到今天，汪丁丁每周在微信朋友圈发布的学术前沿信息，还是我必读的。

另一类是现实感很强的。他们能让你及时了解现实社会中存在的主要矛盾和问题。我的作者中，周其仁和史正富在这方面是比较突出的。他们长期在社会的各个层面调查研究，既有良好的理论修养，又有敏锐的观察力，善于发现问题并提出解决问题的方案和意见。每次与他们交谈都会受到启发。

与作者交朋友，还必须有为作者服务的精神和态度。被称为"天才捕手"的美国出版家麦克斯·珀金斯（Max Perkins）有一句名言："出版家的首义是为天才或才华服务。"他曾经发现和支

有两类学者对编辑来说特别重要。

一类是「掉书袋」的，他们可以让你迅速地了解学术的进展，就在学术的前沿；

另一类是现实感很强的，他们能让你及时了解现实社会中存在的主要矛盾和问题。

持了海明威、菲茨杰拉德、伍尔夫等众多文学天才，其中有许多令人感动的故事。众所周知，海明威的小说曾以写脏话闻名于世，争议不断。在编辑《太阳照常升起》时，珀金斯不仅想方设法说服海明威同意删除这些脏话，还亲自动手对书稿作了许许多多的处理。书出版后，面对社会上的各种抗议和质疑，珀金斯挺身而出，向媒体说明这本书的文学价值。他还回复了上万封读者的质疑信件，以至手都僵硬得几乎抬不起来了。正是珀金斯的努力，重塑了海明威乐观而坚强的公众形象。之后，珀金斯又出版了海明威的《永别了，武器》《老人与海》等书。人们都说，珀金斯把海明威的作品看得比自己的生命更重要。海明威对此极为感动，1952年《老人与海》出版时，他在书扉上写下："谨将此书献给伟大的珀金斯。"2018年我到哈瓦那旅游时，特地到海明威的故居参观，愿望之一就是想看到海明威的手稿，重温珀金斯感人的故事。

还有一件事我印象很深。1998年我去苏尔坎普出版社访问时，版权部经理哈特女士专门请《黑塞文集》的责任编辑与我见面。当时这位编辑做黑塞的作品已经二十年了。他向我详尽地介绍了怎样把黑塞的文本变成各种各样的图书，做了二十年都还没有做完。黑塞家族都把他当作最可信赖的人，把所有的事务包括家庭琐事都交给他去处理。有这样的服务精神，还会担心作者、作品流失吗？他已经使作者及其家人完全离不开他了。

还想说一下，为读者服务更重要。读者那里有编辑取之不尽、用之不竭的思想营养。这方面的典范是20世纪30年代的生活书店。"竭诚为读者服务"是生活书店的宗旨，"服务精神是生

要珍惜与学者交流的机会，借学者的外脑充实自己，发掘重要的选题。

活书店的奠基石"。什么叫"竭诚为读者服务"，韬奋先生有一个生动的阐述："每到一个地方，只须知道那个地方有'生活'分店，他们往往总要想到'生活'。人地生疏，想起'生活'，往那里跑；认不得路，想起'生活'，往那里跑；找不到旅馆，想起'生活'，也往那里跑，请代我找一个；买不到车票或船票，想起'生活'，也往那里跑，请帮忙代买一张……"如此为读者服务，这就对出版从业人员提出多方面的更高要求。韬奋先生以身作则，做人做事处处表率。以对待读者来信为例，韬奋先生把读者来信当作营养自己的"维生素"，回复读者来信的热情"不逊于写情书"，忙到深夜也不以为苦，不以为烦。他要求书店同仁："对于读者的任何复信，必须诚恳详细，即令有的读者问得幼稚，我们仍然必须认真答复，不怕麻烦，诚诚恳恳详详细细地答复，如果怕麻烦，拆拆烂污，简单马虎，聊以塞责，都是本店事业上的罪人！"

今天，随着互联网的普遍化，我们与读者的沟通是如此的便利，让我们为读者的服务先从认真回复读者来信做起。

9. 记下每一条编辑体会

编辑在出版工作中经常会有各种各样的体会和感悟，要及时把它记下来，并尝试将其上升到工作规律的层面，这对自己今后开展编辑工作大有裨益。我在编辑生涯中记下的"出版箴言"有近三十条之多，选题策划原则也有一二十条。这里主要联系上海人民出版社的出书工作举若干例子。

（1）基本的与非基本的

这关乎一家出版社的出书布局。现在不少出

版社在做选题规划时，都把目光主要聚焦在大工程和大项目上，更关注有哪些可能的畅销书，这当然很重要。但是，在出书布局上，首先考虑的不是大与小的概念，也不是畅销与非畅销的概念，而是基本的与非基本的概念。这是说，在做规划时，一家出版社应该根据自己的定位，先确定基本的出书领域，在这方面下功夫布局，然后据此确定大工程、大项目和畅销书。比如，一家基础教育出版社，应该重点抓语数外三门教材的建设；一家社会科学出版社应把经济、历史、政治、哲学作为基本出书领域；一家文学出版社首先还是应该抓好小说的出版工作。

同样，这些基本出书领域在布局时也有基本与非基本的选择和安排。举例来说，20世纪90年代初，上海人民出版社在向市场转型的过程中，出于对短期经济效益的追逐，在历史学科偏离了基本出书领域，暂停了一些重要的骨干图书，如《中国通史》、"中国断代史系列"等，转向非基本领域，试图在神秘文化等方面另辟蹊径，结果当然是事与愿违。好在上海人民出版社及时纠偏，重新回到了基本领域。每个学科都有自己的基本出书领域，这个领域的品牌图书有着众多的读者，经久不衰的市场，重版率高，把这些书做好，才能立于不败之地。

上海的老出版社都有根据出书定位、聚焦基本领域的传统。上海译文出版社长期在外国文学的基本领域作全方位的布局，上海古籍出版社专注于古典文献的研究和整理，上海科技出版社在理工农医的中高级读物方面不懈耕耘，长此以往，既有影响又有积累，再版书目强大，即使碰到大的困难也有回旋的能力，不会轻易倒下。

有的出版社则定位不清，不注重长期规划和

布局，又喜欢在非基本领域兜圈子，东一锤西一棒，寄希望一本畅销书改变局面，可能会成功于一时，但不会长久，一有风吹草动就很快趴下。这是因为整体站不住。

（2）做两个极端

做出版可考虑两个极端，出最新的前沿著作或最旧的经典著作。"世纪人文系列丛书"在设计时就体现了这个原则，丛书五个子系列中"世纪前沿"和"世纪文库"两个子系列，一个出最新的，一个出最旧的。出最新的，大家容易理解，出最旧的则要讲解一下，说的是出最旧的也要出新，所谓守旧也要有新的守法。

比如，出古希腊的作品，可以在权威版本的注释上出新。世纪文景这几年出版的古希腊前三史——希罗多德的《历史》、修昔底德的《伯罗奔尼撒战争史》和色诺芬的《希腊史》，用的是徐松岩先生的注释本，功底很深，且与王以铸和谢德风的译本相比，另有其风格和价值。这就是守旧上的出新。经典是基本读物，许多出版社往里扎堆，不动脑筋，随意出个新版或通过价格来竞争，既没有意义，而且还会产生副作用。

世纪文景的另一套书"文景古典·名译插图本"，在守旧出新上也颇有想法。《伊索寓言》用的是周作人的译本，《奥德修纪》用的是杨宪益的译本，还配上些精美的插图，让人爱不释手，顿生收藏之心。

不过，我更想说的是，旧籍重印，一定要有好的导读。诚若陈平原先生所言："一个时代的学术推进，是在与先贤的对话中展开的，好的导读容易让读者尽快进入这种对话的状态，更多地理解经典的意义。"

（3）封杀性布局

学科出版的布局，应尽可能完整，不留空隙和死角。从竞争的角度来说，要采取封杀性布局的策略，最大限度地覆盖市场，不给对手以机会。

20世纪90年代中期，上海人民出版社在中国历史学科的布局就采取了这样的策略，用了十年的时间完成了一些重大的项目，当然有些是以往工作的延续。这些项目中有"中国近代史资料丛刊"（76卷）、"中国断代史系列"（13卷16册）、《中华文化通志》（101卷）、《中国通史》（12卷22册）、"中国专题史系列"（50种）、《中国新民主主义革命通史》（12卷）、《中国共产党历史图志》（3卷）、《上海通史》（15卷），还有"黎东方讲史系列"（12册），等等，都是开天辟地之作，且多是大部头，放在一起很是壮观，令人心潮澎湃。美中也有不足，一是缺少理想的教科书和单本头的大众通史读本，二是少有中国文明史方面的著作。

对小社新社而言，限于资源和条件，像上海人民出版社那样在一级二级学科作封杀性布局似无可能，但可以在三四级学科的布局上做文章。现代科学演化的基本趋势是，学科越分越细，学问越做越深。有家新社的领导告诉我，他们拟在艺术史领域作全方位的布局，就是很好的想法。

还经常听到有的出版社抱怨，如今的学科出版布局越来越难，几乎所有的学科都少有出版空间。这种说法道出了某些出版领域竞争激烈的现实，但从封杀性布局的角度看，这种说法并不成立。不仅如此，我们的不少学科建设还处于几近空白的状态。还以历史学科为例，世界史的领域就很薄弱，无论古代世界史、近现代世界史，还是全球通史，至今我们都还没有出版过有影响力的原创著作，遑论学科布局了。有鉴于此，陈恒教授这些年在世界史领域协调全国学术界所作的努力值得出版界重视和支持。

（4）版本维护和升级

有些图书的生命周期和权威性，需要通过版本维护和升级的办法来实现。一般来说，通识类图书、教科书、工具书是必须定期维护的。上海出版界好的传统之一，便是定期对一些重要的品牌图书进行维护。《辞海》十年一修，《汉语大词典》《英汉大词典》《十万个为什么》等图书都会根据语言、社会、科技和知识进展的情况，适时推出新的版本，以使知识常青。

社会科学领域的许多骨干图书也应根据学术进展的情况作必要的维护。上面讲到的上海人民出版社在20世纪90年代完成的大部头历史著作，尽管一时还很难产生替代产品，但从学术发展的情况看，其中有的到了更新换代的时候了。例如，关于中国早期历史的研究，过去一般是从考古、语言和文献等方面去复原历史，现在又有了分子人类学的方法，通过基因考古获得实证，以验证文本的方式讲述历史故事，这就丰富了我们对中国早期历史的认识，也提供了新的出版机会。

（5）横队前进

这是就丛书出版而言的。丛书效应是出版人津津乐道的，因为丛书相对容易形成品牌，宣传推广也较为易行，成本也低。

丛书顾名思义是指出书成丛，要成丛就要有设计，要有主旨和结构。丛书分开放式和非开放式两类。过去丛书大多是非开放式的，指向性清楚，强调整体设计，一次性推出，所谓"横队前进"。现在丛书很多，大多是开放式的，设计过于随意，有的甚至完全没有设计，"放在篮子里都是菜"，变成"纵队前进"，形成"胡子工程"，而且来无影去无踪。由于选题、作者、难度、环境等条件的约束，有的丛书只能做成开放式的，逐步推进，但仍然要有设计，且一辑一辑推出为宜，否则就无所谓丛书了。

开放式丛书最难的是它的结构设计，现在有的丛书只有范围没有结构，岂不是变成书目的分类归类了。最近看到一套丛书，就其中的单本书而言，内容质量还说得过去，但丛书设计却包罗万象，好像要把整个世界都装进去。这套丛书的出版说明中写道："以学术为第一要义，也注重实用，收录学术性与普及性皆佳、研究性与教学性兼顾、传承性与创新性俱备的优秀著作"；"着力收录西方古今智慧经典和学术前沿成果，同时也致力收录国内优秀专著，还留意海内外学者具有学术性、思想性的随笔、讲演、访谈等的整理汇编，结集出版"；"涵盖文学、历史、哲学、艺术、宗教、民俗诸多人文学科，综合译、著、编于一体"。可见这套丛书试图涵盖人文学科的所有领域，包罗古今中外，网罗各类作者，囊括所有的著述样式，然而丛书恰恰不能这样设计，而且也不可能做到。看了这套丛书的书目，四年出版的种数还不到十种，与其庞大构想相距甚远。

由此还想到出版社的长期出书规划和五年出版计划，现在不少也是拼凑多，设计少，有项目无规划，最多是个拼盘式规划。我们有制订长期出书规划的传统，但切不可流于形式！怎样做规划是一个大问题。

10. 对技术进步要有敏感度和激情

人类社会的进步很大程度上是由技术革命引

发的。有农业革命、工业革命、信息革命之说；有第一次工业革命、第二次工业革命、第三次工业革命之分；等等。技术进步的水平还是人类文明不同阶段的衡量标志，众所周知，人类从新石器时代的原始文明进入国家文明的标志之一，是青铜冶炼技术的出现。

今天我们正处在信息革命的时代，信息化、数字化、网络化、大数据、物联网、人工智能，等等，正在极大地改变着出版业的未来预期，出现了前所未所有的机遇，期盼着我们去拥抱它。

信息化、数字化和人工智能发展到现在，已经有好几十年历程，呈波浪式前进，一波接着一波，有高潮也有低谷。数字化出版这几年似乎处于低谷状态，大家感觉纸书的日子好像还过得去，有的体制内出版人还为之沾沾自喜，没有了改革的激情，这点有些令人担忧。

君不见，在大众出版领域，这两年我们体制外的出版人在音频、视频领域，围绕着内容作了很多大胆的尝试，将众多的潜在读书人口变为读者，开拓了一片新的市场。2018年，喜马拉雅FM线上课程——陈正宏教授的"《史记》精讲"就很成功，很快收获超过200万收听量。

在专业出版领域，发达国家出版业利用数字技术和人工智能技术，在专家系统和知识库的建设方面取得成功，并通过在线网络平台，很大程度上满足了专业机构和专业人员的个性化需求，形成了新的业态和商业模式，创造了良好的业绩，以至这部分营收已经占到其全部营收的大部分。

在我看来，人工智能的本质在于知识信息的处理，而人工智能技术在计算机视觉、语音识别、自然语言处理、人工神经网络等方面的突破

　　　　　　　　　　　　　　总编辑叙谈

人工智能的本质在于知识信息的处理，而当前人工智能技术的突破性进展，使得计算机也可以通过『深度学习』来产生并获得知识，这开辟了出版全新的领域。

性进展，使得依托于"专家系统"和知识库，计算机也可以通过"深度学习"来产生并获得知识。这意味着知识的主体不再仅仅是人，也可以是机器。这对出版业未来的发展提供了新的思路，展现了新的空间，当然也是全新的挑战。问题在于我们是否认识到这一点，有无迎接挑战的激情和能力。

当一名合格的编辑，还需要养成其他一些好的素质和习惯，如经常逛书店，参加书展，参观博物馆，考察文化遗址，研究域外的图书，掌握基本的营销方法，等等。这些都会唤醒你的出版感觉，产生新的出版理念和选题，引发你的出版冲动，培养你对出版的热爱。

胸怀理想，循道正行。一个无限风光的出版新时代就在前方。

下　篇 ————————————

我的出版观

一、我是个幸运的出版人

我常说，我是一个幸运的出版人。这是因为四十年前我有幸在中国近现代出版的发祥地上海投身出版事业并守望至今。上海出版界一百多年形成的传统和作风熏染了我，老一辈出版家的学识、胆略、智慧浸润了我，他们的言传身教鞭策了我。还因为我亲历了改革开放的大时代，参与并见证了中国出版业所发生的巨变和进步。在上海这块出版沃土上，在时代的风云际会中，我慢慢地形成了自己的出版观。

我刚参加出版工作那会儿，在上海市出版局组织处任干事，正赶上粉碎"四人帮"后平反冤假错案，接待过不少前来找领导解决遗留问题的老出版家，如赵家璧、胡道静、钱君匋、刘哲民等，听闻过老同志讲述他们醉心出版与文化的感人故事，这使我对出版工作有了最初的崇高感和神圣感。后来因为参与重大出版项目的机缘，亲炙于上海出版界文化界的领导夏征农、王元化、罗竹风、马飞海、宋原放、巢峰等同志的教诲，他们对出版的虔诚、理解和把握使我对出版的地位、价值和功能有了清醒的认知。此外，我还研读了中国和海外著名出版机构的成长史与杰出编辑的传记，进一步深化了我对出版工作的理解。2008年2月27日，我在首届中国出版政府奖颁奖典礼上的发言是我对出版地位和价值的一次较为完整的表述：

　　三十年前，1977年，历史给了我一个机遇，我成为了一名出版人；从那时起，我选择出版作为我的终身职业。因为在我看来，出版是人类最神圣、最美好的职业，它是人类冲出黑暗和蒙昧的"火把"，出版人就是一批高擎火把的人，他们引领着社会精神生活的走向与品质，直接参与了社会精神生活的建构。还因为，出版是历史长河与时代风云的镜子和明灯，映照着人类精神生活的波澜壮阔，回首观潮，总是心生豪迈和虔敬。

三十年的出版生涯，我深深爱着这份总是藏在幕后辛勤操劳的职业。我把"努力成为一代又一代中国人的文化脊梁"作为自己一生的使命和追求，一天都不曾动摇或放弃。此次获得中国出版政府奖优秀出版人物奖，我更加感到"文化脊梁"不仅是一份使命，而且是一种生命的价值。

三十年的出版生涯，我领悟到，人类精神价值的评判，一定是坚硬的"岩石"，而不是美丽的"浮云";做出版就是要追求"潜入历史,化作永恒",而不仅仅是一时的"激荡血肉",或"洛阳纸贵"。

"做高擎火把的人",既是我从事出版工作的追求,也是我对自己做出版的要求。我特别喜欢诵读关于出版价值的名言警句,如高尔基的"书籍是人类进步的阶梯",雨果的"书籍是造就灵魂的工具",培根的"读书在于塑造完善的人格",等等。最令我感动的是赫尔岑的一段话,我几乎每一年都要在新进入上海世纪出版集团的青年人面前背诵这段话:"书是和人类一起成长起来的,一切震撼智慧的学说,一切打动心灵的热情,都在书里结晶成形;书本中记叙了人类狂激生活的宏大规模的自白,记述了叫作世界史的宏伟自传。"我每一次朗读这段话都会热血沸腾。

做出版初是要追求『潜入历史，化作永恒』。

这些名言警句告诉我们，一直以来，人类的出版史是一部"启蒙大众、追求进步"的文化传播史和精神发现史。

二、四十年的"三个时代"

矢志不移地坚守纯粹的出版理想和追求不是一件很容易的事情。我从事出版工作的四十年，是中国出版业发生巨变的四十年。这四十年中，出版业度过了三个时代。前十年是出版的纯真时代，出版人颇为"任性"和"逸放"，不必追求高利润，一门心思为社会的进步和发展多出有价值的好书。其后二十年，出版业进入了管理的时代，在向市场转型的过程中，出版社开始对每本书进行盈亏核算，以是否盈利或者盈利多少来决定一本书是否值得出版。最近十多年出版业开始进入资本的时代，一些出版企业试图把出版业当作一般的商业特别是娱乐业来经营，指望投资能带来丰厚的利润。于是，既往的学术文化追求、出版价值基线漂移了，进步主义的出版意识产生了危机，出版业有沦为大众娱乐业附庸的危险，读书也有可能成为轻浮无根的娱乐节目。

在这样一个巨变的时代，在向市场经济转型的过程中，中国出版业有过迷失，上海也不例外。例如，上世纪80年代末90年代初，上海也有两家出版社因为片面追逐利润出了格调低下的书，受到国家新闻出版行政部门停业整顿的处罚。还有一段时间，在逐利冲动的驱使下，出书的品质大大地下滑了。打开我们的畅销书榜，弥漫着一种享乐主义、利己主义、犬儒主义、活命主义的气息，市场上出现了伪书（没有原版的引进版）、猎奇书（《水浒传》被改名为《105个男人与3个女人的故事》）、跟风书（《十万个为什么》就有一千多个内容雷同抄袭的仿品）。黄钟毁弃，瓦釜雷鸣，"精明"的商人自我作践，使得社会对出版的崇高印象发生了动摇，那些美好的东西似乎烟消云散了，人们更多地看到的是出版人在为赚钱而疲于奔命。出版人的社会地位悄然下降了，出版人的尊严在许多场合也默默丧失了。因此，重新塑造正确的出版价值观又成为了我们这个行业不得不面对的重大职业问题。

三、重塑出版价值观

那段时间，我经常在各种场合给大家讲现代

出版史上两个对我影响至深的案例。一是20世纪30年代上海出版业的历史地位。上海历代出版人都以上海曾经是中国的出版中心而自豪，但对上海何以成为全国的出版中心却有着不同的解读。我的解读是，30年代上海之所以成为全国的出版中心，与上海当时拥有250多家出版社，出版总量占全国三分之二有关；但更重要的是，当时上海的商务印书馆、中华书局、生活书店、开明书店等一批著名出版社秉持"启蒙—教育—救国"的使命，经过长期的努力，从教科书、工具书、大众知识读物、传统文化、外来文化等方面，以一大批优秀的出版物为那个时代的中国人提供了系统的高质量的文化知识资源，形成了完整的知识生产体系。这才是上海当时成为中国出版中心的根本所在。然而，这一辉煌业绩的取得完全是近代上海出版人坚持正确的出版价值观，自觉努力的结果。当时各家出版单位的主政者和骨干，如商务印书馆的夏瑞芳、张元济、王云五，中华书局的陆费逵、舒新城，开明书店的夏丏尊、叶圣陶，生活书店的邹韬奋、胡愈之，文化生活出版社的巴金，世界书局的沈知方，良友图书公司的伍联德，无不以开启民智、培育新人作为其从事出版的价值追求。张元济投身出版时就说："昌明教育平生愿，故向书林努力来。"陆费逵在《中华书局宣言》中提出："立国根本在乎教育，教育根本，实在教科书；教育不革命，国基终无由巩固；教科书不革命，教育目的终不能达也。"正是因为他们将出版作为教育国民、塑造社会的大事业，同时辅之以现代资本主义的商业经营手段，把文化与商业作了有机的结合，才促成当时的上海成为中国的出版中心。

二是被誉为现代德意志文化高原的苏尔坎普

出版社在战后德国文化建设中不可轻慢的地位和作用。第二次世界大战后，德国被盟军占领并分为两半，全国到处是废墟瓦砾，但更可怕的是人们思想的颓废和空虚，一片昏暗。在德意志民族这样一个极其艰难的历史时刻，以温塞德为社长的苏尔坎普出版人毅然站了出来，倾全社之力着力重建战后联邦德国的思想文化"大厦"，他们在60年代推出了"彩虹计划"，用赤橙黄绿青蓝紫七种颜色标识出七个系列，试图为战后新一代德国人系统地普及全世界和德国的优秀文化，提升整个德意志民族的思想文化水准。当时，他们这一壮举被认为是在德意志民族昏暗的思想上空悬挂了一条绚丽的彩虹。以至多少年后，德国的思想界普遍认为，联邦德国的真正纪元应该是1959年，因为在那一年温塞德主持苏尔坎普出版社开始了战后德意志民族的思想文化复兴之旅。

到目前为止,"彩虹计划"已经出版了两千多种图书,其中有不少图书被译成十多种文字,介绍到全世界各地,版权收入成为苏尔坎普出版社重要的收入来源,而苏尔坎普出版社也成为当今德国最重要的出版机构之一。苏尔坎普出版社在推出"彩虹计划"的同时,还团结、培养了全德国几乎所有的大师级作家和学者,包括黑塞、阿多诺、布洛赫、普莱斯纳、霍克海默、哈贝马斯等,无一例外均是苏尔坎普的签约作者。由此可见,正是坚守文化建设的使命,苏尔坎普出版社才奠定了今天他们在德国出版界的地位。

现代出版史上的这两个重要案例凸显了在大变动时代,出版人站在时代的潮头,以编辑出版为志业,开启和推动文化建设的抱负和伟绩,成为民族精神之火不灭的象征。它也说明,只有解决了出版价值观上的根本问题,我们才能够摆脱金钱、利润、资本的束缚，坚守出版"启蒙大众、追求进步"的使命。

2005年，上海世纪出版集团由事业单位改制成为中国第一家出版股份有限公司，树立正确的出版价值观变得更为紧迫和重要。因此，我们在股份公司的章程中，把公司的使命陈述明确定为："通过我们的选择，提供能够创造或增加价值的内容和阅读体验；通过我们的整理，传播人类文明的优秀成果；通过我们的服务，与读者形成良性互动；从而努力成为一代又一代中国人的文化脊梁。"我在各种会议上提出这一使命追求是集团的核心价值观，应融入每个员工的血液里，规范到每个员工的行为中，引以为自豪，为之而奋斗。

回望最近几十年中国出版业的历程时，会发现有一些问题和关系反复出现在出版人的面

努力成为一代又一代
中国人的文化脊梁。

前，需要我们去回答去解决。记得20世纪80年代初期，针对出版界出现逐利为上的苗头，邓小平同志就尖锐地讲过要做多出好书的出版家，不做唯利是图的出版商之类的话，向出版界敲响了警钟。80年代中期，随着出版改革的开展，出版社日益成为自负盈亏的经营主体，出版界在社会效益与经济效益的关系上也曾众说纷纭，莫衷一是，有过一场讨论。最后，时任国家出版局局长宋木文同志把这一关系概括为四句话："既要重视社会效益，又要重视经济效益，以社会效益为最高准则；作为自负盈亏的出版社，如果不讲经济效益，也难以实现社会效益；在具体问题的处理上，如果经济效益与社会效益发生矛盾，经济效益要服从社会效益；在总体上，我们要争取做到社会效益与经济效益的统一。"这才统一了出版界的思想。但是，到了2005年出版业进行转企改制以及上市时，片面追求产值、利润而忽视质量的情况一度又十分盛行，似乎经济效益、经济规模成了主宰出版业的唯一力量。这对出版业多出好书造成的冲击是显而易见的。为什么在社会效益与经济效益关系上的偏差会反复出现，我认为问题出在出版价值观的层面，在于我们不重视出版价值观的研究和教育，没有正确的出版价值观作引导，以致往往离开了出版价值观来讨论具体的发展问题。这里的教训值得记取。

四、出版产业的根本是内容

当然，做好出版工作除了要有正确的出版价值观作为指导外，还需要我们对出版产业的特征和规律有清醒的认识，妥善把握和处理出版产业发展中的各类关系和问题。相比出版价值观，这是另一个层次的问题。过去我们总是习惯于把这两个不同层次的问题混在一起谈，以致既忽视出版价值观的指导作用，又讲不清楚具体的产业发展问题。

前已述及，在中国，出版业早已不再是单纯的文化部门，或者说不再仅仅是意识形态部门了，它已经同时发展成为一个具有相当规模的产业部门。从产业的角度来观察出版有三个维度：内容、技术和资本。这三个方面都很重要，哪一个都不能轻视。

维度一：内容是根本。出版产业从本质上说是内容产业，出版业是通过出售依附在各类载体上的内容来占领市场获得收益的。因此抓好内容创新和内容建设就成了出版产业发展的第一要务。抓内容建设首要的是抓规划。出版工作与新闻工作的不同在于，新闻在某种意义上是短线的，而出版则是长线性质的，有的图书往往需要几年、十几年，甚至几十年的时间才能完成。因此做好长期出版规划就变得十分重要。另一方面，每家出版社从较长一段时间看，他们向读者提供的并不是某一本或某几本书，他们所承担的是向读者提供某一方面或某一学科或某一领域的知识体系；就一个大的出版集团而言，可能就有一个向全社会全民族提供较为全面和完整的知识体系的任务了，所以，长期规划还有个结构和布局的问题。长期规划对一家出版企业的发展极为重要。80 年代初中期，巢峰同志为上海辞书出版社制定了 20 年的工具书出版规划，选题几乎涵盖了社会科学所有领域，这些项目的完成使上海辞书出版社成了中国当之无愧的工具书特别是专科工具书的重镇，这个地位是其他出版社很难撼动的。上海世纪出版集团成立后，我们先后抓了四个"五年出版规划"和一个"十年长远出版规划"的建设，规划出大众出版、工具书出版、古籍出版、高等教育出版、基础教育出版、专业出版六条产品线，完成了基本学科的结构布局，这也是上海世纪出版集团能长期雄踞全国出版业前列的重要原因。

其次还要抓选题和项目，这是因为规划并不是几条空洞的原则和简单的战略描述，它还得落实到具体的选题和项目上。好的出版人都紧紧抓住重大选题和项目不放，近现代出版史上这样的事例不胜枚举。远的不说，就说一下陈翰伯同志。陈翰伯同志是抓规划和重大项目的高手。70年代初，周恩来总理对恢复出版事业作了批示。陈翰伯同志那时刚刚被"解放"，担任国家出版局的领导成员，但处境依然十分困难，被造反派认定是"旧势力"的代表。可是他敏锐地抓住周总理批示的机会，顶住重重压力，和陈原同志一起规划了一项规模宏大的基础工程，就是后来周总理在病榻上批准的"中外文辞书出版十年编辑规划"，共列有160种中外语文词典，包括《汉语大词典》《汉语大字典》《现代汉语词典》《辞源》《辞海》《新英汉词典》等。后来经过全国出版界和学术界十多年的努力，这些词典全部出齐，在中国当代出版史上铸起一座丰碑。陈翰伯同志除了主持指导词典编纂全局性的工作外，更是亲自组织、协调、统筹了从1975年开始由一市五省协作的难度很大的《汉语大词典》的编纂工作，可谓呕心沥血、死而后已。陈翰伯同志抓选题的还有一个做法影响了我一辈子。"文革"结束后，陈翰伯同志担任了国家出版局的代局长，成为全国出版系统的最高领导，诸事缠身，忙得不可开交，但对于抓选题、抓重大项目，他是丝毫不放松的。每年都要下到十多家直属出版社抓一次出版选题，检查重大项目完成情况。因为他深知，离开了一个个具体的选题和项目，内容建设就成为了空中楼阁。上海世纪出版集团成立后，我也是每年要下到集团所属的二十多家出版单位一到两次，对年度选题计划的编制和重大项目的完成情况逐一"过堂"，抓住不放。长年抓选题的结果当然是硕果累累，这些年我们在赢得国家重大奖项方面一直走在全国的前列，列入全国重大出版规划的项目数量也长期居于全国首位。

内容建设最终要落实到出版物的质量上。质量是出版物的生命，搞好出版工作必须坚持质量第一。"文章千古事，得失寸心知"，在出版物的质量上不能有任何马虎。宋木文同志说过，出版工作者不能忘记鲁迅先生在《写在〈坟〉后面》

里的一段话："还记得三四年前，有一个学生来买我的书，从衣袋里掏出钱来放在我手里，那钱上还带着体温。这体温便烙印了我的心，至今要写文字时，还常使我怕毒害了这类的青年，迟疑不敢下笔。"他提醒出版人，在编辑出版时，"别忘了自己的责任，别贻误了青年。对精神产品的生产，宁可少些，但要好些"。他还指出，在数量与质量的关系上需要妥善处理："我们强调要有一定的数量，因为好的质量是从一定的数量中产生的；但数量与质量之间有一定的平衡关系，增速过快，就会失衡，难以保持总体质量水平。"前几年在盲目追求经济规模的驱动下，我们在图书出版的数量上呈现跨越式增长的势头，很快年出版总量突破40万种，成为世界第一出版大国，但出现了总体质量的下滑。我曾经参观过一家出版集团的图书精品陈列室，发现一位译者竟然在一年多的时间里翻译了英法德意四种文字的二十多种社会科学名著，真是难以想象。显然，以这样的速度翻译出版的图书大多是"剪刀加糨糊"，拼凑抄写出来的。这种粗制滥造的现象并不是个别的，可见问题的严重性。当然，这种现象很快就引起业内人士的担忧，质疑之声四起，国家出版行政管理部门对此也有反思。2014年，国家新闻出版广电总局在全国范围开展了提高图书出版质量的活动，并把这一年定为"出版物质量专项年"。

内容质量的要求是多方面的，包括思想政治质量、学术文化质量和编辑印制质量，哪一方面都不能偏废。出版人担负的就是一个质量把关人的角色。互联网兴起之后，人们可以自由地在网络平台上发布自己的作品，出现了"自出版"这一新的出版形式，以至一度有出版业将快速地

"去中介化"（去编辑化）的残酷预言。但后来的发展证明，面对互联网上海量的信息和内容，人们更需要依赖专业的编辑出版人员对内容进行选择和把关。

我们的社会已经逐步数字化、网络化和信息化了。在这个新的社会中，内容建设和内容创新对出版而言变得比以往更加重要，这是因为数字化、网络化和信息化将一些原来互不相干的部门和行业之间的藩篱彻底拆除，使出版的跨界运营有了可能，但这里的前提是要拥有成体系、规模化、大数据、高质量的内容，有了它就可能占领更多的市场，赢来更多的商机，获得更多的收益。

五、出版的技术进程

　　维度二：技术是手段。工业革命以来，经济的持续增长都依赖于不断的技术创新与产业结构的调整，出版产业当然也不例外。现代数字技术进入出版领域的时间，可以追溯到20世纪70年代，然而真正给出版业带来巨大影响则是进入21世纪以后。随着数字技术、信息技术、网络技术在出版领域的广泛应用，出版的内容文本全部数字化了，出版社内容管理逐渐建立在信息化的基础上，各项业务开始全面进入互联网领域。例如，各个出版主体都从各自的业务出发，建立了各种类型的大型数据库和在线平台，开发了以互联网为基础，以计算机、阅读器、手机等为载体的各类数字产品，并通过电子商务进行交易。数字技术带来的传播方式的变化，还改造并创新了人类的学习内容和方式，出现了在线学习、广域学习、主题学习、先锋学习、自组织学习、多媒体刺激、学习的循环加速机制（瞬间反馈、即时评估、快速纠错与提升）、最大限度地满足个性化需求（按需定制，一对一指导）、趣味化学习、娱乐化学习，等等。与此同时，围绕着人们学习和阅读方式的改变，出版人根据不同的出版类型和需求，利用数字网络技术，在大众、教育、专业三大出版领域建立起数字出版的商业模式及盈利模式。如今，在发达国家，在专业出版领域，数字出版已经基本替代了纸质出版；在教育出版领域纸质产品与数字产品在销售上已捆绑在一起，难分你我；在大众出版领域，电子书已占到全部图书销售的二成至三成。

马克思在《1861—1863年经济学手稿》中，对现代印刷术给人类社会带来的进步有过精彩的论述："火药、指南针、印刷术——这是预告资产阶级社会到来的三大发明。火药把骑士阶层炸得粉碎，指南针打开了世界市场并建立了殖民地，而印刷术则变成新教的工具，总的来说变成科学复兴的手段，变成对精神发展创造必要前提的最强大的杠杆。"今天，建立在现代数字技术、信息技术、网络技术上的数字出版，是自500年前古登堡时代现代印刷术诞生以来出版领域最重要的技术革命，它给整个人类社会尤其是科学领域带来的变化，现在我们很难完全预料，不过，迄今为止一些科学家所作的人类"数字化生存"的猜想和预测还是多少能让我们见其端倪的。2014年，时任新闻出版广电总局副局长邬书林同志在一次报告中曾举里德·爱思唯尔出版集团（Reed Elsevier Group PLC）的实践来说明大数据运用对科学发展所带来的进步。他说到："里德·爱思唯尔公司利用自有的 1100 多万篇全文科研文献、来自全球 5000 家专业出版社的 5300 多万篇二次文献（文摘和引文）、6000 多个国际学术会议产生的会议论文和被引信息、2400 多万条专利信息，以及 OECD 等国际组织的海量信息，通过专业大数据技术 HPCC（高性能集群计算），2013 年曾为英国 BIS（Department of Business, Innovation and Skills）作了英国科研竞争力国际比较和人才流动分析，对英国政府在高科技人才流动和移民政策方面都已产生一定的影响。"这个例子有助于我们很好地理解出版在数字化时代所可能发生的重大变化。

令人遗憾的是，对于技术进步的重要性，我们相当多的出版人还是重视不够，理解不足，以致最近几年当标准电子书在大众出版领域始终徘徊在二至三成之间，甚至有所滑落，而纸书业绩还不错时，有些同志又开始忽视甚至排斥从传统出版向数字出版的转型。其实，数字产品谋变的工具很多，并不仅仅是标准电子书一种，想想看，我们今天有多少阅读是在微信公众号里实现的，就知道数字出版对传统出版的冲击还仅是刚刚开始。今天，内容呈现的方式和载体已经发生了革命性的变化，只是由于技术还未能完全解决电子屏长时间阅读对眼睛的伤害，所以人们在微信公众号里阅读的大多是文章，呈现出碎片式阅读的特征。不过，电子显示技术的进步很快会解决这个问题的。

但我并不赞同传统出版将会很快消亡的论调。在我看来，传统出版不会消失，它只是改变了形态；与其说人们喜欢技术，不如说人们更喜欢读书本身。我还认为，对于出版产业而言，数字技术的迅猛发展，网络的快速普及，并不是简单地宣告印刷时代的终结、数字时代的开启，而是伴随着一个相当长的纸质与电子、印刷与数字共生的过渡期，这是因为纸质图书的消亡并不是技术一个因素就可以实现的；过渡时期，传统出版与数字出版复杂的冲突、博弈、共生考验着出版人的商业洞察力、战略决断力、技术行动力；这是一道产业转身的"斜坡"，我们无法准确地预言斜坡有多长，有多陡，但是，有一点我们应该清醒，新的数字出版革命已经发生，新的数字出版业态已经出现，新的商业模式已经诞生，数字出版已如一轮红日跃出了地平线，正冉冉上升，它赋予传统出版以新的生命力。

数字出版之所以在与传统出版的竞争中处于优势地位，并逐步地呈现出替代趋势，从经济学的角度观察，原因在于数字出版与传统出版的边际成本不同。对传统出版而言，其生产纸质书的

　　　　　　　　　　　总编辑叙谈

平均成本随着销售数量的增加而逐渐下降，但边际成本是一个大于零的固定值；对于数字出版而言，其生产电子书的平均成本也随着销售数量的增加而逐渐下降，但边际成本趋向于零值。明白了这个道理后，对传统出版而言，重要的是牢牢把握出版业内容提供的核心功能，挖掘出版业的核心资源，充分利用数字网络技术重构出版产业链，用互联网的思维来改造传统出版业务流程，创新出版内容的呈现方式，推动传统出版与数字出版的融合发展，促成出版业的新生。

在传统出版与数字出版融合发展的过程中，传统出版也有自己的优势，那就是历史和传统使其在内容创新和版权拥有方面有着深厚的积淀。这种优势是不断累积叠加的结果，不可能一蹴而就。可喜的是，传统出版社在这十多年的市场经济大潮中没有中断这种累积叠加，一直在持续不断地努力。以上海世纪出版集团为例，《辞海》《汉语大词典》《英汉大词典》《十万个为什么》等一些老的品牌不断得到维护，《中华文化通志》《中国通史》和"中国断代史系列""中国专题史系列""当代经济学系列丛书""世纪人文系列丛书"等一批新的品牌不断涌现。更重要的是，他们还在努力构建各个重要学科的知识体系，为新一代的读者提供相对完整的知识谱系。

不过，时代还要求传统出版社再向前迈进一步。随着大数据和"云计算"技术的成熟，一个市场潜力巨大的数据服务领域开始形成，如何围绕人的全面发展，在提供标准化图书的同时，提供个性化的知识（数据）服务，是传统出版社未来发展的重要领域，需要认真地加以研究和规划。目前人们在讨论数据服务时，一般讲的都是商业和金融数据服务，涉及用户数据、交易数据、支付数据、物流数据等，这些对于出版业的发展当然也是重要的，但是我认为对出版社而言，更为关键的是内容数据服务。

要实现传统出版和数字出版的融合，并逐步完成出版产业的转型升级，还要求我们把传统图书市场的边界扩展到阅读市场，树立读者服务的理念。如此一来，数字化、网络化、信息化带来的新的介质、工具、媒体、平台，刹那间都从挑战变成了机遇。网络、手机、视频、游戏、微信等，从阅读和服务的角度看，都可能是我们驰骋的战场和舞台。

在讲完技术对于出版的重要性后，我还想补充一句，我一直很欣赏苹果公司创始人乔布斯的一句话，作为一个技术狂人，乔布斯却说，他宁愿用他所有的技术去换取与苏格拉底相处一个下午。可见在他心里，与内容相比，技术只是第二位的。

乔布斯说过，他宁愿用他所有的技术去换取与苏格拉底独处一个下午，可见在他的心里，与内容相比，技术只是第二位的。

六、资本的"二重"属性

维度三：资本是重要的推动力。出版业的发展在全球范围都进入了资本的时代，中国也不例外。因此理解出版业的现代转型不得不考虑资本的因素、资本的力量、资本的作用。资本力量介入出版业后，一方面加剧了资本意志与文化价值之间的巨大冲突，另一方面也加快了两者之间的融合。我们看到的是，随着资本的介入和企业间并购的开展，出版产业集中度大大提升，集约经营的格局开始形成，新的业务形态、新的商业模式不断涌现，出版产业的空间和规模迅速扩大。特别是资本的力量还在很大程度上推动着技术，尤其是数字技术在出版业的广泛运用。看看最近十多年视频、游戏、微信等新的业态的背后，哪个没有资本的推手，阿里巴巴、腾讯、百度等互联网企业的崛起哪个不是借助于资本市场的力量。

最近十多年，也是中国出版集团集中上市的年份，这是中国出版产业不断发展的必然趋势，也是出版集团改善治理结构，提高管理水平，迅速做强做大的重要途径。除此之外，出版集团上市还有诸多的好处：首先可以获得实施兼并、收购和联盟的启动资金和后续资金，为进一步的经营提供必要的资金保证。其次，公司上市后无形资产的增值（知名度上升，公司规范化，国有公司转变为公众公司等），将对互补性商业资产形成更大的吸引力和凝聚力，有利于开展兼并、收购和联盟活动。再则，凭借上市公司的声誉及其机制，可以较为顺利地调整业务结构，迅速扩展核心业务，并以较高的价值转让非核心业务和较低成本地"外包"业务。最后，通过证券市场的直接融资，扩大银行的授信额度，带动企业间接融资，为实施跨行业兼并、收购和联盟提供多渠道的投融资保证。

需要清醒认识的是，一家出版集团是否需要上市、上市的目的何在，对于中国出版业而言，仍有值得探讨的地方。出版集团通过上市进入资本市场，其目的是为了更好地发展，真正做强做大主业，多出更多的好书，而不是为了圈钱，更不能为上市而上市。它是否上市和何时上市，需要根据其定位、转型方向、扩张的方式来确定。只有面对一个更大的市场，追求更大的规模，甚至走向全球市场的时候，利用和进入资本市场才成为实现快速扩张的重要手段。同时，出版集团是否上市还取决于它是否能在主业的发展上形成新的商业模式，拓展出新的发展空间。我们看到，这些年来全球大型出版集团均在努力由传统出版向数字出版转型，并探索和实践着很多新的商业模式和赢利模式。一旦某种赢利模式取得突破的话，或者赢利模式需要大规模扩张的话，都会寻求上市或在资本市场上寻求资金支持。比如，约翰·威立父子出版集团（John Wiley & Sons, Inc.）和里德·爱思唯尔出版集团利用数字技术创新在专业期刊领域形成大规模地满足专业机构和专业人员个性化需求的商业模式后，都利用资本市场在全球掀起了一波并购浪潮。

当今世界，我们还必须正视资本意志与文化价值冲突的一面。美国著名出版人、《出版业》一书的作者安德列·希夫林（André Schiffrin），曾对上世纪80年代末至本世纪头十年这二十年席卷全球的跨国传媒集团并购出版企业所导致的出版业的巨大变化发出过警告："一直以智性价值、审美价值和社会批判功能为本的美国出版业已经演变成大众娱乐业的附庸。"如果我们对那一时期全球传媒集团的并购过程作一分析的话，可以看到除了个别的例外，无不是以娱乐业为主体的传媒集团凭借资本的力量兼并各个具有品牌号召力的独立出版社，资本大军所到之处，无坚不摧，所向披靡。而传媒集团并购出版社的直接后果就是出版的本质被扭曲了，出版成了单纯盈利的工具，娱乐化开始主宰出版。香港中文大学出版社社长甘琦女士曾在文章中写到，安德列还针对深得默多克欣赏的哈珀·柯林斯出版公司（Haper Collins Publishers）著名编辑朱迪斯·里根（Judith Regan）策划辛普森的虚拟自白《假如我杀了我的前妻，我会怎么杀》一事，惋惜地说："哈珀·柯林斯曾是美国最好的出版社之一，它被并购后的转向也是最惊人的。如果你比较它 50 年代到 90 年代的书目，会发现每十年都会发生一次蜕变，艺术史、神学、哲学、历史书一路被抛弃，书目中越来越多短命的廉价畅销书。现在，在他们的意识里，恨不得自己属于娱乐业。事实是，朱迪斯的办公室就设在好莱坞。"如果认真地比较下美国那些著名的出版机构在被传媒集团并购前后的书目，我们会很容易发现他们在利润第一的原则下所发生的向娱乐业靠拢的倾向。但是，平心而论，在我看来，美国的出版业并没有完全沉沦，传统出版人长期秉承的为人类文化传承和创造的精神在美国主要出版社的书目中仍然依稀可见，图书最基本的品质仍然保存着。更难得的是，美国出版企业制度安排中的非营利型出版社为有识之士在商业领域坚持出版的理想和理念提供了空间和保障，使他们能够通过获得资助和享受免税政策生存下来，坚持下去。80 年代，兰登书屋被媒体大王纽豪斯（Newhouse）收购后，为坚持自己的出版理想，安德列毅然辞去兰登书屋旗下万神殿出版社（Pantheon Press）社长之职，率众起义，另建名字叫"新"（The New Press）的非营利出版社，并一直坚持至今，就是一个很好的例证。

安德列还说过："如果说，出版业在过去几十年的变化超过了以往所有世纪的总和，一点也不夸张，尤其在英语出版业，而英语世界发生的事情很快就会在世界其他地方发生。"确实如此，这些年来，我们在向市场转型的过程中，在走进资本的过程中，也在犯与美国同样的错误，有的甚至更为严重。在经济规模排名和利润至上的驱使下，我们问题的严重性已不仅仅在于向娱乐业的过度靠拢上，出版有娱乐的功能，也不应该否定人生的娱乐诉求，出版一些满足读者娱乐需求的产品本并不是问题，只是要防止娱乐至上的倾向；问题更在于有的出版社借着与民营工作室合作之名行买卖书号之实，以致使不少的伪书、低俗之书充斥市场，更有一些出版集团干脆在多元化发展战略的幌子下，把资金从出版主业中撤离，转而投向房地产、宾馆甚至期货证券行业，他们也恨不得自己不属于出版业。

时代的潮流汹涌澎湃，滚滚向前。出版早已走出了象牙塔，在面向市场、面对资本的洪流中奋勇前行。问题并不在于我们要不要资本，而在于怎样对待资本，是做资本的附庸和奴隶呢，还是利用资本、驾驭资本以达到出版更多好书的目的。而要真正做到后一点，只有在坚持"启蒙大众、追求进步"的出版价值观前提下才有可能。

七、关键在于"人"

从内容、技术、资本三个维度谈完出版产业的发展后，还有必要强调一下，出版产业作为创意产业，最关键的因素在于人。没有一批充满理想又脚踏实地、热爱出版又耕耘奉献、高瞻远瞩又善于谋划的出版家，没有一支懂出版、知技术、善经营、会管理的出版人队伍，出版产业的转型、创新和发展是不可能实现的。最近十多年，有不少对出版工作生疏的领导同志从外系统调入出版行业担任各地出版集团的一把手。他们中有的同志眼里很少看到出版人才的重要性，他们的脑子里也没有出版人才的概念，他们往往认为只要有健全的利益导向机制，不怕没有人来从事出版工作，并指望靠强大的利益刺激来牵引出一个巨大的出版产业，这不能不令人担忧。

出版人才是一种相当特殊的人才，他们不仅要有广博的知识面（有编辑是"杂家"一说），还要有某一学科或某一领域深厚的学术基础，同时还得具备精湛的文字水平。在出版社面向市场后，出版人才还必须对市场有较高的敏感度，善于捕捉读者的新需求。出版人才的能力首先表现在对选题和书稿的选择、挖掘、编辑、修改上，它的养成非一日之功，需要经年累月的实践才行。因此，作为稀缺资源的优秀出版人才是一家出版企业最重要的财富，需要认真地发现、训练、提升和培养。我在世纪出版集团总裁任上，只要发现有资质有潜力的优秀出版人才，都会悉心加以培养，不仅送他们去著名高校进一步深造某一方面的知识，还会把他们放到重要的出版岗位加以锤炼，有时还会鼓励他们独立创建新的品牌出版公司，并尽可能地提供最好的运行平台。

因为一家出版企业特别是大型出版集团的成长极限，并非囿于资本和技术，而是受限于其出版队伍的文化素质、业务水准和经营能力。如果能以开阔的胸怀和战略的眼光，培养、吸引、拥有一批最优秀的有文化追求和理想的出版才俊，在出版业内部形成相互激励、相互竞争、相互启发的氛围，我们的出版业自然会迅速而顺利地完成从传统向现代的转型，迎来出版的大繁荣和大发展，进而为中华民族的伟大复兴做出应有的贡献。

正如科学家必须有自己的科学观，人文学者必须有自己的人文观，一个有追求的出版人，必须要有符合时代文化节拍、遵循内心价值呼唤的出版观，不然，则行之弗远。

致谢

感谢知名出版人汪家明先生为本书作序，他透彻的见解和优雅的文字令拙作增辉。

感谢中信出版集团·大方公司总经理蔡欣女士精心编辑设计本书，力求做成内容与形式的统一。

感谢青年漫画家王烁先生为本书配画了精美的插图，平添生趣。

感谢设计师肖晋兴先生独出心裁的封面装帧设计，大方雅致。

感谢资深出版人秦颖先生去年秋天为我拍摄了一组照片，本书的作者照便是其中的一张。

感谢责任编辑贾忠贤、曹迪辉和责任校对陆永洲等同志的辛勤付出，他们的工作使本书减少了一些错漏。

还要感谢王为松、贺圣遂、姚映然、鲍静静、许华伟、段海倩等同志为本书的形成和出版所给予的帮助。

最后套用一句老话：所有的错误和不当之处由本人负责。

陈昕作品

文
景

Horizon

社 科 新 知　文 艺 新 潮

总编辑叙谈

陈昕 著

出 品 人：姚映然
责任编辑：贾忠贤　曹迪辉
营销编辑：胡珍珍
封扉设计：肖晋兴

出　　品：北京世纪文景文化传播有限责任公司
　　　　　（北京朝阳区东土城路8号林达大厦A座4A　100013）
出版发行：上海人民出版社
印　　刷：北京九天鸿程印刷有限责任公司
制　　版：壹原视觉

开 本：787mm×1092mm　1 / 32
印 张：5　　字 数：51,000　　插页：2
2022年10月第1版　　2022年10月第1次印刷
定 价：46.00元
ISBN：978-7-208-17906-6 / G · 2126

图书在版编目（CIP）数据

总编辑叙谈 / 陈昕著. -- 上海：上海人民出版社，
2022
　　ISBN 978-7-208-17906-6

　　Ⅰ. ①总… Ⅱ. ①陈… Ⅲ. ①编辑工作－工作经验
Ⅳ. ①G232

中国版本图书馆CIP数据核字(2022)第161241号

本书如有印装错误，请致电本社更换　010-52187586